A posição das colheres
e outras intimidades

Deborah Levy

A posição das colheres
e outras intimidades

TRADUÇÃO
Adriana Lisboa

autêntica contemporânea

Copyright © 2024 Deborah Levy
Copyright desta edição © 2025 Autêntica Contemporânea

Título original: *The Position of Spoons: And Other Intimacies*

Todos os direitos reservados pela Autêntica Editora Ltda. Nenhuma parte desta publicação poderá ser reproduzida, seja por meios mecânicos, eletrônicos, seja via cópia xerográfica, sem a autorização prévia da Editora.

EDITORAS RESPONSÁVEIS
Ana Elisa Ribeiro
Rafaela Lamas

PREPARAÇÃO
Sonia Junqueira

REVISÃO
Marina Guedes

DIAGRAMAÇÃO
Waldênia Alvarenga

CAPA
Alles Blau

IMAGEM DE CAPA
Voor een appel en een ei...,
(c. 1970), da artista holandesa
Jeanne Bieruma Oosting.

IMAGENS DE MIOLO
Página 5: Tuul and Bruno Morandi/Alamy Stock Photo
Página 13: *Space²* (1976), de Francesca Woodman.
© 2025 Woodman Family Foundation / AUTVIS, Brasil.

Dados Internacionais de Catalogação na Publicação (CIP)
(Câmara Brasileira do Livro, SP, Brasil)

Levy, Deborah
  A posição das colheres : e outras intimidades / Deborah Levy ; tradução Adriana Lisboa. -- 1. ed. -- Belo Horizonte : Autêntica Contemporânea, 2025.

  Título original: The Position of Spoons: And Other Intimacies
  ISBN 978-65-5928-591-4

  1. Escritoras inglesas - Autobiografia 2. Levy, Deborah 3. Memórias autobiográficas I. Título.

25-275986
CDD-823.914

Índices para catálogo sistemático:
1. Escritoras inglesas : Memórias autobiográficas 823.914

Cibele Maria Dias - Bibliotecária - CRB-8/9427

A **AUTÊNTICA CONTEMPORÂNEA** É UMA EDITORA DO **GRUPO AUTÊNTICA**

Belo Horizonte
Rua Carlos Turner, 420
Silveira . 31140-520
Belo Horizonte . MG
Tel.: (55 31) 3465 4500

São Paulo
Av. Paulista, 2.073 . Conjunto Nacional
Horsa I . Salas 404-406 . Bela Vista
01311-940 . São Paulo . SP
Tel.: (55 11) 3034 4468

www.grupoautentica.com.br
SAC: atendimentoleitor@grupoautentica.com.br

Banhada num arco de luz francesa
Colette

Apaixonei-me por ela antes de ler qualquer um dos seus livros.
 Aos meus olhos adolescentes, borrados com o delineador preto que eu acreditava me dar um ar niilista e desiludido (afinal, tratava-se da era do punk, e estávamos todos de luto pelo futuro), Colette tinha um tipo de beleza autossuficiente que eu sentia que ela possuía e emprestava ao fotógrafo.
 Melhor ainda, no que me dizia respeito, vivendo como eu vivia nos subúrbios de Londres, onde todo mundo se parecia e dava até o mesmo nome aos seus cachorros (havia três chamados Spot só na minha rua), Colette era uma escritora que parecia uma estrela de cinema.
 Eu não me parecia nada com ela. O cachorro dela se chamava Toby-Chien.

Não sei como me deparei com essa fotografia. Sei que era um dezembro gélido em 1973 e o aquecimento central tinha enguiçado na nossa casa.

A campainha tocou, e minha mãe gritou para eu deixar entrar o homem que tinha vindo consertar o aquecimento. Ele remexeu no armário onde ficava o *boiler* e disse, "Condeno oficialmente este *boiler*. A lei exige que vocês comprem um novo". Então piscou para mim e ligou o aquecimento. Os canos da casa começaram a chiar e estalar como um trator velho. Quando por fim voltei para o meu quarto, tive que lutar para passar pela fumaça preta que saía do meu radiador.

Apesar de ser uma imagem muito posada, algo na maneira como Colette havia criado aquele artifício estabelecia um vínculo comigo. Ela era uma escritora profissional que tinha um propósito na vida. Eu percebia de imediato que estava se divertindo com o teatro de inventar a si mesma para retratar esse propósito. Isso era de particular interesse naquela fase da minha vida.

Nasci na África do Sul e cresci na Grã-Bretanha. Quando vi essa foto, aos treze anos, morava na Grã-Bretanha fazia quatro anos, tempo insuficiente para me sentir inglesa. Colette se apresentava de uma forma que agradava à minha ideia adolescente de como uma escritora europeia poderia ser. Glamourosa, séria, intelectual, brincalhona – com um gato malicioso e elegante sentado em sua escrivaninha entre flores, todos eles banhados num arco brilhante de luz francesa.

Quando comecei a ler seus livros, tudo o que havia de transgressor e sensual em sua escrita soprava, nos úmidos jardins suburbanos de Londres, como um vento vindo da Borgonha, de Paris e do sul da França. Seus casos amorosos com mulheres e seus três casamentos (o primeiro, com um perverso e corrupto bon-vivant que assinava os romances iniciais dela como se fossem seus) significavam que ela estava com um pé dentro e outro fora da vida burguesa de sua época. Ficou artrítica na meia-idade e usava com frequência sandálias masculinas abertas com vestidos elegantes, para a agonia de seu segundo e mais convencional marido.

Eu não sabia de nada disso quando vi a fotografia pela primeira vez, mas de alguma forma intuí que ela havia levado uma vida experimental.

Qual o sentido de se ter qualquer outro tipo de vida, pensei comigo mesma. Lá fora, eu podia ouvir um dos cachorros chamado Spot latindo para um gato chamado Snowy. Vinte anos depois, quando li *A vagabunda*, tive motivos para concordar com sua leve mas astutamente profunda afirmação, "Do amor não quero nada, em suma, além do amor".

Sim, o que mais queremos do amor além do amor?

Coisas demais, na verdade.

Marguerite Duras

O objetivo da linguagem para Duras é cravar na página uma catástrofe.

Ela pensa tão profundamente quanto é possível pensar sem morrer de dor. Para Duras, é tudo ou nada. Ela põe tudo na linguagem. Quanto mais põe, menos palavras usa. As palavras podem não ser nada. Nada. Nada. Nada.

É o que não fazemos com a linguagem que lhe dá valor, que a torna necessária. A linguagem pobre e empobrecedora é bem-sucedida. Todo escritor sabe disso e faz uma escolha sobre como agir diante desse conhecimento.

É difícil, às vezes até absurdo, saber coisas, ainda mais difícil sentir coisas – é o que Duras está sempre nos dizendo. Seus filmes são novelescos – narração em *off*, monólogo interior –, sua ficção é cinematográfica: ela entende que uma imagem não é um "cenário" e que "deve conter tudo de que o leitor precisa saber". Duras nunca implora com palavras, mas trabalha muito, e com tranquilidade, para nós. Seu truque é fazer tudo parecer natural.

A literatura europeia traduzida era, no passado, espantosamente difícil de encontrar na Grã-Bretanha. Eu tinha vinte e nove anos quando li pela primeira vez a obra-prima de Marguerite Duras, *O amante*, de 1984, traduzida do francês por Barbara Bray. Uma revelação e uma confrontação em igual medida, foi como se eu tivesse emergido abruptamente de um clube do século XIX para cavalheiros, com painéis de carvalho, e vindo parar em algo estimulante, sexy, melancólico, verdadeiro, moderno e feminino.

Se sua prosa despojada e sóbria e sua impecável estrutura narrativa eram, de alguma forma, representativas do *nouveau roman*, amplamente associado a Alain Robbe-Grillet, estava claro para mim que sua grande diferença era que Duras não desconfiava da emoção. Para escrever *O amante*, ela se baseou nos primeiros anos em que viveu em Saigon com sua mãe empobrecida e seus irmãos beligerantes. Estruturado como uma espécie de relato pessoal, é sobre uma adolescente vivendo uma existência colonial peculiar, na Indochina francesa nos anos 1930, com sua família refinada que, no fundo, é uma "família de mendigos".

Ela decide fazer algo acontecer e começa a usar um chapéu Fedora masculino e sapatos dourados de lamê. Ao fazer isso, de repente se vê "como outra". É um truque mágico para se separar de sua mãe opressora, e funciona.

Um elegante e rico chinês, doze anos mais velho, observa-a no ferry que atravessa o rio Mekong. Quando ele se arrisca a lhe oferecer um cigarro, ela percebe que a mão dele está trêmula. "Há essa diferença de raça, ele não é branco, tem que se sair melhor, é por isso que treme."

Ela quer que ele fique "menos amedrontado" para que possa fazer com ela "o que em geral faz com as mulheres", e talvez em troca ele possa de tempos em tempos comprar uma refeição para seus irmãos e sua mãe. Numa das seduções mais devastadoras e brutalmente verdadeiras já escritas, o chinês, que ela descobre ser dono de todas as moradias da classe trabalhadora na colônia, leva-a em sua limusine "fúnebre" até o apartamento dele nos arredores da cidade.

Ela o despe, percebe que o deseja, entra em pânico e diz a ele que nunca deve amá-la. Então chora – pela pobreza de sua mãe e porque com frequência a odeia. *O amante* não retrata apenas um encontro sexual proibido de paixão e intensidade arrebatadoras; é também um ensaio sobre a memória, a morte, o desejo e sobre como o colonialismo prejudica a todos.

Não estou convencida de que um livro tão incandescente quanto *O amante*, mais existencial do que feminista, seria publicado hoje. Pelo menos não na Grã-Bretanha. Questões surgiriam. É preciso saber se os personagens são apreciáveis (não exatamente), se é experimental ou comercial (nem uma coisa nem outra), se é um romance ou uma novela. Felizmente para Duras, isso não importava para seus leitores. O livro vendeu um milhão de cópias em quarenta e três idiomas, ganhou o Prêmio Goncourt e foi adaptado para um filme comercial.

Marguerite Duras era uma pensadora audaciosa, uma egomaníaca, um pouco ridícula, na verdade. Acho que ela precisava ser assim. Quando leva sua ousada mas "insignificante" personagem feminina, com seus sapatos de lamê dourado, para os braços de seu milionário chinês, Duras nunca pede desculpas veladas pela forma moral ou psicológica como ela existe no mundo.

Meus lindos *creepers*

Quando eu tinha dezessete anos e comprei meu primeiro par de *creepers* na Shellys, uma loja popular de sapatos em Londres, olhei para suas solas grossas de cinco centímetros de borracha preta e soube que nunca os usaria com meias. Sempre esteve muito claro para mim que homens e mulheres que usam sapatos sem meias estão destinados a se tornar meus amigos e amantes. Essas pessoas têm um tipo de abandono no corpo. Andam com energia. Ao mesmo tempo, conseguem parecer tanto casuais quanto entusiasmadas. Não usar meias é estar alerta, mas sem exageros. Não usar meias é não fingir que o amor dura para sempre.

Se é que isto pode servir de consolo, as pessoas que usam meias provavelmente são mais ajustadas que seus irmãos e irmãs sem meias. Enfrentam as coisas e sempre trazem consigo um guarda-chuva quando chove.

Os sem-meias são sem-deus – assim como os meus *creepers*, também conhecidos como "sapatos Teddy Boy". Andar pela rua com meu primeiro par fez com que eu me sentisse como se tivesse uma tatuagem me marcando para uma vida significativa. Comprei muitas versões deles desde então, mas, vinte anos depois, aquele primeiro par ainda está intacto na prateleira superior do meu armário de sapatos. Feito músicos de jazz, eles melhoraram com a idade. Não são exatamente um modelo de bico fino, mas sua lingueta com estampa de onça (em forma de V) ainda é sedutora, pronta para saltar e rosnar. Colocar meu pé nu dentro desses sapatos era, literalmente, andar nas nuvens. Meus *creepers* eram beleza e verdade, gênio personificado; pouco importa que fossem rock e bop, isso não era o principal, eles eram a metrópole, uma passagem para fora dos subúrbios.

Meus *creepers* faziam com que eu me sentisse sexy, séria, frívola, confiante. Usava-os com vestidos pretos justos e colados ao corpo e os usava com jeans. Usava-os com saias-lápis e calças listradas e os usava até para levar o lixo para fora.

Há algo no design do *creeper* que parecia colocar o mundo em perspectiva. Os bicos pretos e pontudos percutiam no ritmo da rebelião; os sapatos que minha mãe jamais teria usado, os sapatos que meu pai jamais teria usado – na verdade, os sapatos que poucas garotas usavam, mas as que usavam eram deslumbrantes. Meu narcisismo foi confirmado quando, uma tarde, fraca de fome, vi-me esperando na plataforma de uma estação em algum lugar num condado sonolento. Quando soube que o trem ia se atrasar onze minutos, corri por cima da ponte (nos meus amados *creepers*) e fui buscar algo para comer no supermercado local.

Todos eram velhos e, se não eram, pareciam ser. Exceto pela garota do caixa, com seu macacão xadrez, olhando sonhadora para as luzes brancas do teto. Faltam três minutos e o rolo da caixa registradora acaba. Quando ela se levanta para pegar outro, vejo que também está usando *creepers*. Só que os dela são de camurça azul-elétrico e têm ainda mais ousadia do que os meus. Enquanto corro para pegar meu trem, sei que ela vai sair daquele vilarejo. Seus sapatos são um sinal de que está planejando uma vida em outro lugar.

Como sair da moldura

Ela é estudante de arte e reservou um estúdio por algumas horas. Deve ter estudado o chão, e as paredes, e os cantos das paredes, e onde as janelas estão posicionadas, e como vai fazer a luz funcionar. Tem alguns planos (velocidade de obturador lenta, exposições longas), mas só vai fazer umas experiências. Ela é seu próprio tema, mas está incorporando muitos outros, e um deles é a representação. A representação da forma feminina. Essa imagem não é um autorretrato de Francesca Woodman. Ela está usando seu corpo para entender as coisas.

Olhe para ela. Ali está. Ali, por completo. Está ali por completo, mas sempre tentando se fazer desaparecer – se tornar vapor, um espectro, uma mancha, um borrão, um tema que é apagado mas ainda assim reconhecível. Ela sabe que sabemos que está ali e, ao construir técnicas para se fazer desaparecer, sabe que se torna maior. Torna-se maior porque estamos à sua procura. A artista, Francesca Woodman, nos deu algo para encontrar. É uma dança, uma teoria, talvez uma teoria lacaniana (*la femme n'existe pas*), uma ficção, uma provocação, um experimento, uma piada, uma pergunta séria. Francesca Woodman, assim como todas as garotas e mulheres, quer escapar da moldura.

Ela sabe que, ao olharmos para essa imagem, vamos querer encontrar "ela", mas a "ela" que encontramos é a arte – toda a composição cinética. Sei que ela está dirigindo artisticamente tudo, pensando em como realizar seu truque. Está alerta, flexível, alinhada, equilibrada. Em certo sentido, já viu essa imagem antes de criá-la, ou a viu no ato de fazê-la, e provavelmente sentiu essa imagem desde sempre. Tudo o que precisa fazer é encontrar as técnicas para concretizá-la. Se está se tornando presente ao se tornar ausente, é mais fácil resolver essa equação com a matemática ou a física, mas ela faz isso com a arte.

As botas estão ali para ancorar essa imagem etérea. É tão importante ter firmeza ao sairmos do quadro da feminilidade para algo mais vago, algo mais desfocado. Francesca Woodman, a artista, pode se mover livremente com essas botas, mas elas também a puxam para baixo. A imagem sofreria sem a presença delas. Na verdade, estou usando botas bastante parecidas enquanto escrevo isto. Daqui a uns cinco minutos, vou desligar o computador, trancar a porta do depósito onde escrevo e caminhar até a estação de metrô.

Acredite

Lee Miller nasceu em Poughkeepsie, Nova York, sete anos depois de Freud publicar *A interpretação do sonho*. Há sempre algo de onírico e enigmático nas fotografias dela quando jovem. Tanto se esconde da câmera quanto se entrega a ela. Quero continuar olhando para Lee Miller porque não tenho certeza do que estou olhando – sua beleza, sua postura, seu chapéu, seu olhar melancólico.

O que ela faria com toda aquela beleza e todo aquele talento? Tornou-se uma modelo de moda para os fotógrafos mais renomados de sua época em Nova York e depois foi estudar arte na Europa. Em Paris, trabalhou com Man Ray, tornou-se sua aluna, amante e modelo, colaborando em muitas imagens extraordinárias pelas quais provavelmente não recebe crédito. Era publicamente muito modesta com relação ao próprio trabalho, mas talvez não se sentisse assim por dentro.

Após deixar Man Ray, ela abriu seu próprio estúdio e passou a conviver com as namoradas dos artistas surrealistas de sua geração. São as fotografias que Lee fez de Nusch Éluard e Ady Fidelin que as resgatam de seus papéis como musas e manequins. Sempre gosto de topar com elas quando olho os arquivos surrealistas. E há também o choque de algumas informações que podem ser encontradas na biografia da própria Lee Miller. Não quero acreditar. Há uma foto de Lee quando criança, usando macacão, com sete ou oito anos, não muito depois de ter sido estuprada por um "amigo da família". Ela fita a câmera com uma expressão frágil e entorpecida.

Em 1944, tornou-se correspondente de guerra junto ao exército dos Estados Unidos, seguindo a infantaria estadunidense por uma Europa traumatizada. Foi uma testemunha. Apontou sua câmera para coisas terríveis, para a história humana no tempo presente.

Uma das poucas jornalistas de guerra da época, foi Lee Miller quem fotografou a libertação de Dachau e Buchenwald. Subiu num caminhão e ficou de pé em meio aos corpos para fotografar os prisioneiros emagrecidos e mortos.

As fotografias foram publicadas na *Vogue* estadunidense com a manchete "Acredite".

Valores e padrões

Comecei a me perguntar por que uma mulher de meia-idade, conhecida minha, tinha olhos que pareciam querer desaparecer dentro da cabeça. Quando aquelas frestinhas por onde ela espiava tentavam se desvencilhar do meu olhar, eu não as culpava por tentarem se esconder, mas era estranho conversar com alguém cujos olhos encolhiam.
 Tornou-se claro para mim que ela sentia algum tipo de aflição. Eu não a conhecia muito bem, mas às vezes nos encontrávamos no portão da escola quando íamos buscar nossos filhos pequenos. Ela era muito classe média, casa enorme, livros nas estantes, arte nas paredes. Era como se tivesse convencido a si mesma de que não tolerava tolos (eu) e de que defendia certos tipos de valores e padrões. Não era uma pessoa muito simpática. Comecei a pensar em como ela havia desviado o olhar em nome do que defendia, fosse o que fosse.
 Era possível que não quisesse usar seus olhos para olhar e ver as circunstâncias de sua vida que lhe eram desagradáveis. Eu tinha testemunhado as formas como seu marido não conseguia se separar do prazer que sentia ao menosprezá-la e humilhá-la. Era como se ele tivesse convencido a si mesmo de que não tolerava tolos (ela) e de que defendia certos tipos de valores e padrões. Se ela havia realizado uma complexa operação psíquica através da qual removera os próprios olhos para enxergar o mundo e a si mesma com

os olhos dele, eu me perguntava se haveria momentos em que colocava os próprios olhos de volta.

Comecei a pensar nos meus próprios olhos. Havia momentos em que eles definitivamente se tornavam menores. Quando meus olhos se transformavam em frestinhas, em geral era porque outras coisas haviam se tornado maiores. Talvez avassaladoras. Existe a expressão *apertar os olhos*. Em geral se refere a avaliar algo ou alguém, a enxergar as coisas como elas realmente são – expressar dúvida, desdém, talvez desmascarar uma mentira. Isso significa que apertamos os olhos para ver as coisas com clareza? Nesse caso, a história da Chapeuzinho Vermelho seria algo assim:

Que olhos grandes você tem.
É para melhor não te ver.

O que isso nos diz sobre os realistas de olhos arregalados? Estarão de olhos arregalados porque secretamente desejam ver menos, não mais, apesar de terem investido um bocado na veracidade de sua visão?

É possível que a minha conhecida, defensora de certos tipos de valores e padrões, não quisesse saber que os padrões e valores que havia abraçado poderiam simplesmente destruí-la. Seus olhos, que ela havia arrancado ao modo de Édipo, fitavam-na, ainda assim.

O reino do amanhã

O consumismo impera, mas as pessoas estão entediadas. Estão no limite, esperando que algo grande e estranho apareça... Querem ficar assustadas. Querem conhecer o medo. E talvez queiram perder um pouco a razão.

J. G. Ballard, *O reino do amanhã* (2006)

J. G. Ballard, o maior futurista literário da Inglaterra, alterou as coordenadas da realidade na ficção britânica e levou seus fiéis leitores a uma jornada intelectual arrebatadora. Nunca restaurava a ordem moral nos eventos de suas ficções porque não acreditava que realmente a desejássemos. Fosse qual fosse o próximo cenário que Ballard imaginasse para nós, por mais desconhecido, sabíamos que estávamos em boas mãos, pois ele compreendia "a necessidade de construir um espaço narrativo dramaticamente coerente".

Quando eu era uma jovem escritora, na década de 1980, passei a prestar atenção em Ballard depois de ler sua luminosa e erótica coleção de contos, *The Day of Forever*. Era tão formalmente inventiva que eu jamais imaginaria ter sido publicada em 1967. Também não sabia que o perplexo e conservador *establishment* literário de sua geração havia tentado despachar seu trabalho inicial como ficção científica. Ballard sempre insistiu que estava mais interessado no espaço interior do que no espaço exterior. Quando se tratava de qualquer obra de Ballard, o gênero realmente não importava para mim; sua ficção poderia ser classificada como "contos de abdução alienígena" ou "plantas dos pântanos" e eu ainda assim a teria procurado com interesse. Apesar da nossa diferença de geração, gênero e propósito literário, estava claro para mim que ele e eu estávamos ambos trabalhando com algumas das mesmas influências estéticas: cinema, arte e poesia surrealista, as teorias vanguardistas de Freud sobre o inconsciente. Eu estava começando a escrever, mas Ballard fazia com que eu me sentisse menos sozinha. Talvez, mais significativamente, compartilhássemos a sensação de deslocamento por não termos nascido na Grã-Bretanha. O lar era a imaginação. Eu também me sentia atraída pelas pinturas de artistas como De Chirico e Delvaux – com seus espaços oníricos, cidades vazias e melancólicas, templos abandonados, estátuas quebradas, sombras, perspectivas exageradas. Ballard criaria mundos que não tínhamos visto antes na ficção britânica. Quando lhe perguntavam, após o sucesso de *O império do Sol,* por que ele havia demorado tanto para escrever de maneira menos disfarçada sobre sua experiência de infância no campo de prisioneiros de Lunghua, sua bela resposta foi que ele levara "vinte anos para esquecer e vinte anos para lembrar". Claro, as imagens de Xangai e da guerra estavam gravadas de modo permanente dentro dele. Sempre pensei em seus livros – à exceção de *Crash*, que me parece uma tentativa abstrata de viver o luto pela perda de sua esposa – como já estando escritos naquele aposento único que ele compartilhou com os pais entre 1943 e 1945. O alcance de sua imaginação nunca ia se encaixar com a corrente literária realista, mas sempre fui encorajada por sua insistência em dizer que era um escritor imaginativo.

Acredito no poder que tem a imaginação de refazer o mundo, liberar a verdade dentro de nós, deter a noite, transcender a morte, conferir charme às rodovias, angariar a simpatia dos pássaros, conquistar a confiança dos loucos.

Muito bem, Jim. Há uma tendência à criação um tanto forçada de uma lenda quando se trata de Ballard, mas foi o espirituoso, impassível e tolerante jornalista e pianista estadunidense V. Vale, fundador da formidável RE/Search Publications e entusiasta de Ballard desde 1973, que, na minha opinião, rastreou os desvios de seu pensamento de forma mais sensata em várias entrevistas. Nunca considerei Ballard uma espécie de psicogeógrafo da pós-modernidade; sua melhor ficção é mais Dada do que Debord.

Acredito na impossibilidade da existência, no humor das montanhas, no caráter absurdo do eletromagnetismo, na farsa da geometria, na crueldade da aritmética, na intenção assassina da lógica.

Suas paisagens altamente imaginadas, e seus aviões abandonados, e relógios parados, e areia do deserto estavam localizados em sua cabeça – e, de todo modo, ele preferia dirigir carros rápidos a caminhar. Certa vez, enviou-me uma fotografia do Heathrow Hilton e me disse que era seu lar espiritual. O que Ballard oferecia à jovem escritora que eu era? A questão é mais o que não oferecia.

Ele preferia a teoria social ao realismo social. Eu não ia correr aos livros de Ballard para aprender a escrever um personagem "bem desenvolvido", pelo amor de Deus. Seus personagens se assemelham mais a alto-falantes para transmitir seus argumentos e ideias. Mas eu adorava seus psiquiatras sombrios e inverossímeis, iluminados cinematograficamente, bem cuidados, suaves e perversos, saboreando um gim-tônica forte enquanto observam (e possivelmente medicam) todos os outros que enlouquecem ao seu redor. Os narradores bem-educados dos romances mais recentes (*Noites de cocaína*, *Super-Cannes*, *Terroristas do milênio* e *O reino do amanhã*) são, em sua maioria, suaves, de classe média, masculinos. O destino deles é se tornar inflamados homens nietzscheanos, empolgados por finalmente entenderem que também gostariam de rasgar aos socos a monotonia da vida boa, vazia e gananciosa, com seu frágil verniz de civilização.

Sempre considerei Ballard um escritor bastante paternal, guiando-nos pelas ruínas de suas distopias através da mentalidade de seus avatares aparentemente racionais – sempre encantadoramente perplexos ao descobrirem os próprios impulsos reprimidos. Eu também gostava de suas personagens femininas, com um toque de *noir* (muitas delas, médicas), enigmáticas em vez de domésticas, emocionalmente indisponíveis, sexualmente experimentais, às vezes bronzeadas e grosseiras, como em *Noites de cocaína*, ou vulneráveis mas corruptíveis, como em *O reino do amanhã* – mas o principal é não quererem que o protagonista masculino se case com elas e nunca estarem prestes a assar um frango.

Acredito na beleza de todas as mulheres, na perfídia de suas imaginações, tão próxima do meu coração.

Todos esses anos depois, ainda fico maravilhada com a poesia sobrenatural da prosa de Ballard. Ela paira como um estranho perfume sobre suas frases concisas e objetivas, mais intensificada nos romances e contos antigos, mas as notas de fundo (gasolina, angústia, desejo, pesadelos) ainda estão presentes nas três primeiras linhas de seu último e mais didático romance, *O reino do amanhã*:

> Os subúrbios sonham com a violência. Adormecidos em suas sonolentas mansões, protegidos por benevolentes shopping centers, aguardam pacientemente os pesadelos que vão despertá-los para um mundo mais apaixonado...

O reino do amanhã é uma exuberante, insana e singular reinterpretação de *O mal-estar na cultura*, de Freud, no século XXI. Temos o típico narrador ballardiano: Richard Pearson, um sujeito decente, que foi executivo de publicidade e, enquanto dirige pela faixa lenta da rodovia M25, é surpreendido pelo piscar da seta, como se o carro tivesse vontade própria. Pearson obedece ao convite para seguir por uma via secundária, que "de algum modo eu já sabia estar à minha espera". Ballard acreditava que nosso inconsciente nos reserva uma série de tarefas. A via secundária leva à pequena cidade de beira de estrada de Brooklands, próxima a Heathrow. O pai de Pearson, um piloto aposentado, tinha sido morto por um paciente psiquiátrico desequilibrado que abriu fogo, aparentemente ao acaso, contra a multidão que fazia compras no Metro-Centre, um enorme shopping no centro da cidade. Pearson desconfia que há mais a descobrir sobre a morte de seu pai e inicia suas investigações – com a ajuda edipiana da atraente médica que atendeu seu pai nos momentos finais e que, por algum motivo, faz sexo com o filho dele.

Não há naves espaciais pairando sobre o Metro-Centre, com seu "ar úmido de micro-ondas", mas as mentes dos cidadãos que fazem compras ali foram definitivamente abduzidas pelo hiperconsumismo.

No balcão de vendas, o maior confronto da humanidade com a existência, não havia ontem nem história a ser revivida, apenas um presente intenso e transacional.

O ex-publicitário começa a desvendar os impulsos dos consumidores selvagens da Inglaterra Central, que carregam para casa refrigeradores, torradeiras, televisores, espancam donos de lojas asiáticos e se derramam de afeto pelos três enormes ursos de pelúcia que ocupam o átrio do Metro-Centre. Naturalmente, esses brinquedos ao estilo Disney estão crivados de marcas de balas.

O reino do amanhã é um conto de fadas brutal, no qual "um mundo mais primitivo" está "esperando sua vez". As lâminas de facas expostas na loja de ferragens do shopping formam, de maneira ameaçadora, "uma floresta prateada na escuridão". Ballard explora o nacionalismo pré-racional que substitui a política, o espetáculo de massa das bandeiras de São Jorge agitadas em desfiles intermináveis e partidas esportivas. "Sem *Sieg Heils*, mas com hinos de futebol no lugar. Os mesmos ódios, a mesma fome de violência, mas filtrados pelo estúdio de *talk shows* e pelas áreas VIP."

Parece que, para Ballard, o labiríntico Metro-Centre é tão fascinante quanto os melancólicos arcos e *piazzas* italianos de De Chirico.

Mais uma vez, ele persegue suas obsessões e tenta nos convencer de que a personalidade moderna mais apta a sobreviver ao capitalismo tardio é a do psicopata eletivo.

Se a teoria freudiana nos acena por entre as bandeiras de São Jorge, Ballard garante que suas unhas estejam roídas até o sabugo. Como afirmou com frequência, seu objetivo literário era encontrar as conexões ocultas na caixa de fusíveis da modernidade. No caso de *O reino do amanhã*, o consumismo desliza para um "fascismo suave". Como ex-publicitário, Richard Pearson tem consciência de que "tudo o que sabe fazer é aquecer as pantufas do capitalismo tardio", e o futuro é "um programa de TV a cabo que nunca termina", um código de barras, uma câmera de vigilância e uma vaga de estacionamento. E os sonhos?

O Metro-Centre está sonhando você. Está sonhando todos nós.

O reino do amanhã não opera nada menos que uma cirurgia endoscópica no coração das trevas do capitalismo tardio.

Telegrama para uma torre de transmissão de eletricidade

Tenho em mente lhe dizer que você está parada feito uma dançarina, feito uma ogra, feito uma xamã, feito uma criança tendo um ataque de raiva. Tem certeza de sua gravidade. Está prendendo a respiração. As estrelas depositam seu pó sobre você. Raposas brincam aos seus pés. A luz te atravessa. O que te mantém coesa pode desmoronar, como as coisas que nos mantêm coesos às vezes fazem.

Tenho em mente lhe dizer que minha filha está assistindo a *High School Musical* na TV, no norte de Londres. Neste momento, ela está ajustando seus músculos faciais e postura corporal e vogais e consoantes para se tornar alguém capaz de sair cantando dos conflitos com os valentões no pátio da escola. Tenho em mente lhe dizer que os olhos da minha filha parecem poços de petróleo iluminados à noite. Esta é a terra que compartilhamos e de que falamos de maneiras estranhas.

Transmito esses pensamentos a você dos pântanos e canais silenciosos de Hackney, no leste de Londres, até a baía curva de Cádiz, na Espanha, e por toda parte, e tenho em mente lhe dizer que todos os pensamentos podem ser entortados feito uma colher.

Um bocado de cor cinza

Ficar parada no centro de Russell Square Gardens, Londres, região centro-oeste WC1, sob a chuva de novembro, é invocar todas as perdas que você teve na vida. Essa situação vai te lembrar de cada vez que foi abandonada, se sentiu desolada, esteve no lugar errado na hora errada.

Uma praça pública ajardinada suaviza o ritmo da cidade que a cerca, fixando um pensamento antes que ele se dissolva. Sua pontuação é uma pausa na vida da cidade. Um lugar onde os primeiros sinais de uma crise nervosa latente podem se expressar e onde Deus pode ser vislumbrado dentro do corpo de um pombo londrino. Enquanto você observa o bloco de céu cinza-rato acima das árvores nuas do inverno e ouve o rugido do tráfego que circunda a praça (pois é uma praça quadrada dentro de um círculo), experimentará a vertigem de ficar parada enquanto os transeuntes estão em movimento. Aqui na praça, bancos de madeira foram posicionados debaixo das árvores. Sob a chuva de novembro, esses bancos parecem desolados, úmidos, cobertos de folhas murchas do outono. No fundo da praça está o Gardens Café, suas cadeiras plásticas brancas empilhadas numa poça de chuva. Uma mesa plástica restante e um guarda-sol quebrado ainda não foram guardados, lembrando ao público o verdadeiro propósito da praça: um lugar onde comer e beber ao ar livre, de maneira convivial, numa praça de árvores antigas, para flertar, descansar, pensar e aproveitar a atmosfera geral de História e Erudição, com as universidades e o Museu Britânico nas proximidades.

Dentro do café, que está aberto apesar do clima, as paredes são pintadas de um profundo azul-mediterrâneo. Há algo nessa praça, com seu jardim, que se assemelha a um resort de praia deserto no inverno. O filme *La Strada*, de Fellini, vem à mente. O rugido do tráfego pode soar como o oceano, e o café tem toda a melancolia de uma casa de chá à beira-mar vendendo chapéus de sol fora de temporada.

Fellini chamou seu filme de "uma espécie de Chernobyl da psique"; e, embora essa seja uma comparação dramática demais com Russell Square Gardens num dia cinzento de chuva incessante, gaivotas solitárias de Londres gritam no céu. É possível ouvir a cadência do tráfego como se fossem ondas e imaginar que estamos prestes a fazer uma revelação devastadora à pessoa que mais amamos.

Se você for andando para fora dos jardins, não deixe de atravessar a rua e dar pelo menos uma olhada no interior do que costumava ser chamado de Russell Hotel (mudará de nome muitas vezes), em frente aos jardins, na esquina com Southampton Row. Fundado em 1898 e outrora anunciado como "charme do século XIX com instalações do século XX", a espinha dorsal do hotel é uma grandiosa escadaria circular construída com um ondulado mármore de um laranja-queimado. Aproveite a sensação de seus sapatos do século XXI afundando no carpete do século XX enquanto você passeia pelos painéis de madeira e lustres de cristal em direção à Brasserie, que em certo ponto de sua história foi nomeada em homenagem a Virginia Woolf.

Virginia (1882-1941), pescoço comprido, cabelo preso, fumava cigarros enrolados à mão, frequentemente ridicularizada por viver imersa em seus pensamentos.

Se você estiver considerando se hospedar em certos hotéis ali perto, viver imersa em seus pensamentos é provavelmente o melhor lugar onde estar. Virginia Woolf se matou colocando pedras nos bolsos de sua capa de chuva e saltando para dentro de um rio. O que ela pensaria sobre ser lembrada como um hambúrguer servido com salada de repolho e batatas fritas?

É possível que o hambúrguer feito de vacas loucas inglesas cante "Meu coração é feito um pássaro que canta" [como o verso de Christina Rossetti], enquanto você leva essa porção de herança da Bloomsbury aos lábios.

A psicopatologia da vida cotidiana dos cafés na Viena de Freud

Haverá uma única colher de prata que não tenha despertado a memória da sedução e da raiva? Haverá uma Fräulein na casa sem um vago e paralisante desespero? Ah, o aroma fresco e intenso da histeria sob uma constelação de xícaras de café!

Que o garçom (calmo, desdenhoso, organizado), por favor, traga à mesa a trêmula *Sachertorte* com seu cacau escuro e oleoso.

Observe Herr K., em seu grande casaco forrado de pele, olhando para as anáguas de Frau K., brancas como o espumante leite alpino. Ele ainda está apaixonado pela mãe? Deseja matar o pai, que regularmente se entregava à cópula bestial com a governanta?

Hoje Frau K. quer seu café ao estilo turco. Ao levar a pequena xícara até os lábios, seu braço direito se imobiliza no ar. Ah, não! Terá sido esse o mesmo braço que puxou um belo Herr para mais perto de seu peito quando se abraçaram na roda-gigante do parque?

Transe de quase morte, vertigem e *strudel* sob a límpida nova luz da eletricidade!

Observe Frau O., que, revigorada pela libido do fermento nos pãezinhos Kaiser, está flertando com o médico da família. Esse gentil cavalheiro aplica injeções de vitaminas na irmã dela na última terça-feira de cada mês. Veja como ele galanteia, pressionando os dedos de Frau O. contra os lábios, e depois se levanta para jogar bilhar na sala ao lado. Amanhã, ao meio-dia, esses industriais de cabelos brancos mandarão suas filhas inteligentes e infelizes (conflitos parentais, as leis da sociedade, tios libidinosos) para o curador de almas na Berggasse 19. Ali, elas aprenderão que o desejo nem sempre deve levar a melhor, mas sempre leva.

Haverá para sempre uma cobra dentro da caixa do bolo.

Elas e nós

Devemos muito às histéricas imensamente expressivas do final do século XIX e início do século XX. Seus sintomas de aparência inexplicável (perda de voz, paralisia dos membros, anorexia, bulimia, fadiga crônica, desmaios, indiferença à vida) faziam perguntas subversivas sobre a feminilidade: O que significa ser mulher? O que uma mulher deveria ser? A quem seu corpo deveria agradar e para que serve? Se ela é obrigada a cancelar os próprios desejos, o que se espera que faça com eles? A histeria é a linguagem do corpo que protesta.

No início da carreira de Freud na Viena patriarcal, ele tinha a impressão de que existia uma única sexualidade, e era masculina. Felizmente, mudou de ideia, mas confessou com humildade que, após trinta anos de prática profissional, ainda não sabia o que as mulheres queriam. No entanto, Freud foi testemunha dos mais modernos conflitos e questões femininas. Ao contrário de seu mentor, o pioneiro neurologista francês Jean-Martin Charcot, apelidado de Napoleão das Neuroses (seu macaco de estimação passeava pelos corredores do Hospital Salpêtrière), Freud incentivava suas pacientes a falar com liberdade e sem censura. Isso não era pouca coisa, considerando-se como as mulheres haviam sido brutalmente silenciadas pelas restrições sociais de sua época e também por suas famílias, muitas das quais eram predadoras sexuais. Devemos agradecer a essas mulheres por contarem suas histórias a Freud em seu consultório na Berggasse 19.

Anna O., Emmy von N., Dora e Jane Avril (uma dançarina do Moulin Rouge pintada por Toulouse-Lautrec), todas lutaram contra mitos sobre a personalidade e o destino feminino. Em suas tentativas de encontrar palavras para o desespero debilitante, Freud se sintonizou com suas memórias ou reminiscências mais constrangedoras e vergonhosas. A psicanálise nasceu quando ele descobriu que era possível interpretar, em vez de medicar, sintomas que não tinham causa biológica ou neurológica. Como Freud descreve em suas *Lições introdutórias à psicanálise*, a tarefa de um tratamento psicanalítico "é tornar consciente tudo o que é patogenicamente inconsciente". Ele nunca prometeu que a Cura pela Palavra nos faria felizes, mas acreditava que poderia nos tornar menos miseráveis. Se as palavras são tão poderosas que podem nos engravidar (como acreditava Anna O.), não surpreende que a psicanálise sempre tenha prestado muita atenção na estrutura da linguagem. Freud queria encontrar as verdades que tinham sido evitadas.

O diagnóstico de histeria, que começou com Hipócrates no século V a.C., foi agora apagado do *Manual diagnóstico e estatístico de transtornos mentais* (DSM). No entanto, todos sabemos que o trauma (do grego, com o significado de "ferida") não desapareceu nem as garotas e mulheres que se autolesionam.

Se o nascimento da psicanálise ofereceu métodos para investigar a mente inconsciente, não há dúvida de que conflitos pessoais e políticos, e acima de tudo a raiva e o desespero, continuam a se manifestar através do corpo em nosso século.

A histeria não diz respeito a eles, diz respeito a todas nós. A histeria morreu! Vida longa à histeria!

Ann Quin

Reconheço algumas das minhas influências na escrita de Quin. Seu gosto literário e seus entusiasmos estéticos eram europeus – Duras, Robbe-Grillet, Sarraute – e imagino que ela deva ter lido Freud e R. D. Laing.

Sei o quão solitária deve ter se sentido na Grã-Bretanha na época em que escrevia. Não é de se admirar que tenha fugido assim que seu romance de estreia, *Berg* (1964), lhe permitiu comprar uma passagem para viajar pela Europa e pela América. Sei que tinha consciência de estar criando algo novo e que se levava a sério, da maneira certa; tinha um senso profundo de seu propósito literário.

Quin trabalhou como datilógrafa durante um tempo, feito minha mãe, inteligente e apreciadora de livros. Ambas nasceram na década de 1930 e, mais uma vez feito minha mãe, Quin (aparentemente) tentou ingressar na universidade como "estudante madura". Era difícil para uma mulher da classe trabalhadora conseguir estudar. Até Virginia Woolf enfrentou dificuldades para obter uma educação formal, embora seu pai possuísse uma biblioteca pessoal bem abastecida. Presume-se que Quin tenha se servido de bibliotecas públicas – e deve ter lido tudo o que John Calder, seu heroico editor, fizesse chegar até ela.

Quin buscava algo novo e desconcertante em cada um de seus quatro romances publicados – o esforço e a empolgação dessa busca devem tê-la amparado quando a vida ficava difícil. Não é inadequado compreender que ela era ambiciosa em relação ao seu trabalho. É evidente que dedicou tempo para projetar a composição e o ritmo, para encontrar um esquema conceitual capaz de sustentar suas ideias, para explorar novas possibilidades de sátira, mudanças de perspectiva e de voz. É o que os escritores devem fazer.

Seria um progresso se pudéssemos parar de exaltar Ann Quin e apenas ler seus livros sem ter que defendê-los. É difícil, porém, não defendê-los. Poucos críticos trataram seus livros com o respeito de uma leitura atenta. Era como se fosse culturalmente proibido para Quin ter um propósito literário coerente. A palavra "experimental" a mantinha convenientemente em seu lugar.

Acredito, porém, que, se ela tivesse conseguido nadar de volta às pedras frias da praia de Brighton naquele dia em que se afogou, teria continuado a escrever livros mais fiéis a si mesma. Quero saber mais sobre o que é necessário para desejar nadar de volta para casa, e sei que Quin poderia ter me contado.

O ABC do caminho do fim

Uma viagem perigosa pela estrada da morte,
da celebridade e do automóvel

A
AUTOMÓVEL, ANIMOSIDADE, ACIDENTE, ACELERAÇÃO

Você é um acidente esperando para acontecer. É um completo desastre. O que te conduz a fazer isso? Será que o automóvel (uma fusão de libido e máquina) algum dia perderá seu significado como instrumento sexualizado a ser controlado e dominado? Ou é apenas um objeto de transição, como um ursinho de pelúcia, uma boneca ou um cobertor macio – os objetos que nos ajudaram a nos separar de nossas mães? Nossas bonecas e nossos brinquedos da infância sobreviveram sendo amados, odiados e mutilados – nós lhes dávamos nomes, personalidades, criávamos vidas para que vivessem por nós. Arrancávamos seus braços e pernas, cortávamos seu cabelo de náilon, virávamos suas cabeças ao contrário. E então os abraçávamos e beijávamos e deixávamos na chuva lá fora. O automóvel simplesmente não tem como sobreviver a esse tipo de comportamento. O design da animosidade que você sente é tão importante quanto o design do seu carro. Lembre-se, eu sou apenas um Mercedes SLS AMG. Não tenho emoções avançadas e não quero fazer sexo com você. Se bater comigo, serei desmascarado como uma coisa totalmente inanimada e você será desmascarado como alguém que pensou que seu sistema de tração nas quatro rodas te amava de forma incondicional.

> Como se aquela grande cólera tivesse me purgado do mal e me esvaziado de esperança, diante daquela noite carregada de sinais e de estrelas, eu me abria pela primeira vez à terna indiferença do universo.
>
> Albert Camus, *O estrangeiro* (1942)

B
MARC BOLAN, J. G. BALLARD

Assim como alegavam as famosas letras de Marc, nós também poderíamos subir num cisne-branco e voar para longe dos pais que nos fizeram chorar. Nossas lágrimas eram justas, nossas coxas eram magras. Éramos os filhos da revolução, e a vida era curta e brutal demais para que prestássemos atenção nos cartazes que proibiam "namorar" na piscina vitoriana mais adiante ali na rua. A voz de Marc não era exatamente uma voz, era uma atitude, e nos fez passar pela aula de matemática intensiva. Quando pintávamos as unhas de verde era por ele. Bolan morreu dia 16 de setembro de 1977, às 3h50, quando seu carro bateu num sicômoro perto de Barnes Common, em Londres. Na religião do antigo Egito, o sicômoro era considerado uma personificação das deusas Nut, Ísis e Hator. Pinturas antigas mostram-nas se debruçando de uma árvore para oferecer comida e água ao falecido. A "árvore da morte" em Barnes Common foi transformada num santuário de beira de estrada pelos fãs dele.

O romance pós-traumático de Ballard, *Crash* (1973), foi descrito pelo autor como o "primeiro romance pornográfico baseado na tecnologia". O escritor Ballard encena e repete uma série de acidentes violentos de carro que sempre terminam com os motoristas feridos e sangrando, erotizados pelos próprios instintos de morte. Ballard provavelmente concordava com a noção de Freud de que todos sentimos prazer em arrebentar as coisas. Ele sabia que o carro era mais do que um carro e entrou em colisão frontal com Tânatos e Eros. A literatura inglesa burguesa, com sua predileção pelos chapéus vitorianos e pelo desejo de manter o inconsciente em seu devido lugar (debaixo da touca), sugeriu que o autor precisava ver um psiquiatra.

> A ciência e a tecnologia se multiplicam ao nosso redor. Numa extensão cada vez maior, ditam as linguagens que falamos e através das quais pensamos. Ou usamos essas linguagens ou permanecemos mudos.
>
> J. G. Ballard, *Crash* (1973)

C
EDDIE COCHRAN, ALBERT CAMUS

Filho de uma faxineira argelina, Albert Camus ganhou o Prêmio Nobel de Literatura. Morreu num acidente de carro em 1960, quando viajava da Provença a Paris com o manuscrito de seu romance inacabado, *O primeiro homem*, embalado na pasta. Seu editor dirigia o carro. A polícia notou que o relógio do painel do veículo tinha parado às 13h55, quando ele derrapou na estrada molhada. Camus, que era agora uma celebridade trágica bem como uma celebridade do pensamento político, foi encontrado com uma passagem de trem não utilizada no bolso do casaco. Estejamos nós inclinados a conferir mais significado aos locais de morte das pessoas famosas ou a encontrar menos significado neles, ainda desejamos que Camus tivesse embarcado naquele trem.

Eddie Cochran ("C'mon Everybody") às vezes é descrito como "James Dean com uma guitarra". Eddie nem sequer conseguiu bater com o próprio carro. Em 1960, viajou ao Reino Unido para uma turnê com Gene Vincent. Certa manhã, em Wiltshire, Inglaterra, o pneu do seu táxi furou, o carro saiu da estrada e bateu num poste de luz. Eddie tinha 21 anos e, embora provavelmente mal pudesse esperar para sair de Wiltshire, podemos ter certeza de que não queria esse tipo de saída.

D

JAMES DEAN

Kenneth Anger possuía um pedaço mutilado do amaldiçoado Porsche Spyder de Dean, comprado por trezentos dólares.

E

EGO

Um passageiro em qualquer tipo de carro precisa que o motorista tenha um ego forte. Ego, nesse sentido, não significa alguém que é insuportavelmente cheio de si. Na estrutura da psique de Freud, o ego é o lado racional da mente, empenhado em chegar a um acordo com o fato de que nem sempre podemos conseguir o que queremos. Mick Jagger sabia disso quando cantou "No, you can't always get what you want" com Keith Richards em 1968. Mesmo que você nem sempre possa conseguir o que quer, lábios carnudos são uma bênção. Lábios finos podem fazer com que pareça amargo e deformado. Na estrada, o ego tenta não ser amargo e deformado. Sabe que precisa fazer um acordo. Está em contato com o princípio da realidade (sinais vermelhos significam pare) e tenta afastar a voz esfumaçada do id quando este diz ao ego para ir mais rápido, e que tal um gole de bourbon? O id está gritando, "Eu quero, eu quero!", mas o ego lhe explica, com calma, "Não pode". Esses são os conflitos que seu motorista vivencia em qualquer tipo de trajeto feito de carro. Como passageiro, se você acha que o id adolescente vai vencer, é melhor sair depressa e pegar o metrô. Não é o que você quer, mas é o que precisa fazer.

F

FAMA, FUGAZES QUINZE MINUTOS, FONTES FÓSSEIS DE ENERGIA

Quinze minutos é tempo suficiente para flertar com a sedução fatal da fama – precisar de seus fãs mais do que eles precisam de você é perturbador depois de algum tempo. Não importa quantos trilhões de litros de combustíveis fósseis sejam despejados na fama, de algum modo seu tanque nunca fica cheio.

G

GRANDE ESPÍRITO, GPS

O Grande Espírito de Deus é um par de mãos (escondidas) no volante, um motorista sem idade que nos conduz a um destino desconhecido. Não saberemos onde fica o banheiro quando chegarmos. Deus é pensamento livre e Deus é um GPS dentro de nós. Aqueles entre nós que acreditam em navegação por satélite precisam torcer para que, quando "a voz" nos desvia da estrada principal para uma estradinha de terra que leva à beira de um penhasco alto, ela saiba o que está fazendo.

H
HORRORES, HORÓSCOPOS, HORIZONTE

Acidentes fatais são horrores que assombram as rodovias do mundo. Rádios policiais apitando, metal retorcido, janelas explodidas, os olhos arregalados e em pânico dos feridos. Não dá para pensar nisso, então lemos horóscopos para saber que horrores nos aguardam no horizonte. Queremos ouvir os pneus cantando antes que eles cantem.

I
ID

Assim como a ignição, o id está sempre ligado.

J
JAYNE MANSFIELD

Jayne Mansfield morreu dia 29 de junho de 1967, quando o motorista de seu Buick colidiu com um trailer que pulverizava os pântanos de Nova Orleans com inseticida às duas da manhã. No final da década de 1950, os para-choques dianteiros de alguns carros estadunidenses vinham com extensões que lembravam um par de grandes seios cônicos. Foram apelidados de "Jayne Mansfields". O Buick costumava ser exibido em vários shows de carros com as manchas de sangue ainda espalhadas nos assentos.

K
GRACE KELLY

Alfred Hitchcock tinha uma queda pelo que às vezes chamam de louras platinadas virginais, e a atriz Grace Kelly era uma delas. Kelly estrelou em *Janela indiscreta* e *Disque M para matar*, de Hitchcock. Sua carreira como atriz vencedora do Oscar seria mais tarde proibida pelo marido, o príncipe Rainier III de Mônaco. Quando Kelly se casou com seu príncipe, Hitchcock declarou-se "muito feliz que (a princesa) Grace tenha encontrado um papel tão bom". Mônaco é onde Tintim pode usar uma boina numa missão secreta em busca de um colar de diamantes escondido numa baguete. O acidente catastrófico de Kelly na estrada entre Mônaco e Roc Agel em 1982 aparentemente foi causado por freios defeituosos. Na verdade, ela teve um derrame ao volante de seu Rover de dez anos, que acabou despencando trinta metros num desfiladeiro.

L
LIBERDADE / LONGEVIDADE

Maior liberdade, maior produtividade de tempo e esforço, vislumbres mais brilhantes do belo e vasto mundo, mais saúde e felicidade – esses são os benefícios duradouros do automóvel.

Herbert Ladd Towle,
"The Automobile and Its Mission" (1913)

Quero viver o resto da minha vida, seja ela longa ou curta, com tanta gentileza quanto eu puder administrar decentemente, amando todas as pessoas que amo e fazendo o máximo possível do trabalho que ainda preciso fazer. Vou escrever fogo até que ele saia pelos meus ouvidos, meus olhos, minhas narinas – por todos os lugares. Até que seja cada respiração que eu respiro. Vou me apagar feito a porra de um meteoro!

Audre Lorde, *A Burst of Light:
and Other Essays* (1988)

M
MEIA-IDADE

Você comprou uma moto, parou de se depilar, pediu à sua assistente para encomendar alguns livros escritos por mulheres. Isso porque sua jovem namorada chamou sua atenção para o fato de que todos os livros em suas prateleiras são de autores homens. Você põe St. Vincent para tocar em seu aparelho de som (prefere Van Morrison) e sonha com um suculento *boeuf bourguignon* enquanto sai para comer um *curry* vegano com o novo amor da sua meia-idade. O nome dela é Nadia.

N

Nadia diz que é póli e anda de bicicleta.

O
ORAL

O sexo oral é um superesporte que deveria ser incluído nos Jogos Olímpicos. Ao contrário de lançamento de dardo ou salto em altura, todas as pessoas têm condições de praticá-lo. Ninguém teve a casa destruída para a construção de um estádio para esse esporte em particular, porque ele pode ser praticado num automóvel.

P
JACKSON POLLOCK

Jackson Pollock estava lutando contra a bebida e a depressão quando comentou com um amigo, "Estou morto por dentro, feito um dos seus motores a diesel numa manhã fria". Pollock estava correndo feito louco em seu Oldsmobile cupê conversível verde quando se acidentou numa estrada de East Hampton, em 1956, sendo arremessado cinco metros no ar. Ele bateu o crânio num carvalho-branco e morreu no mesmo instante. Sua namorada, Ruth Kligman, sofreu uma fratura na pélvis, mas sobreviveu. Alguns relatos de jornais da época enquadraram Pollock como um charlatão suicida. Ele poderia ter ficado sem essa. Quando Pollock colocava suas telas imensas no chão, era nelas que despejava sua vida e sua morte.

Q
QUESTÕES

O que devemos fazer com o incivilizado desejo de morte que fervilha dentro de nós, mesmo que sempre digamos por favor e obrigada? Freud não acreditava que acidentes fossem eventos fortuitos. Todos os acidentes, para ele, são manifestações da pulsão de morte, o desejo de caminhar para o meio do trânsito quando atravessamos a rua ou de ficar perto demais da beira da plataforma quando esperamos o metrô. Ele chegou até a acreditar que sofrer de vertigem numa montanha é sofrer do desejo inconsciente de nos jogarmos dela. Ballard concorda. "Tarefas profundas percorrem todas as nossas vidas... não existem coincidências."

R
RODAR PELA DIREITA

Cerca de um quarto do mundo dirige pelo lado esquerdo, principalmente nas antigas colônias britânicas. Os antigos acreditavam que os espíritos malignos viviam do lado esquerdo do homem e os deuses viviam do lado direito. Para os romanos, esquerdo significava sinistro e corrupto – o que é provavelmente o que os colonizados pensavam dos britânicos.

S
SANTUÁRIOS

Em cada colisão, confrontamos nossas ansiedades e rapidamente revisamos o significado de nossas vidas. Erguem-se santuários de beira de estrada para os falecidos. Vítimas de acidentes de carro se tornam santos. Queremos saber dos detalhes da batida para juntar os fragmentos. Nesse sentido, um acidente de carro com frequência se torna uma ficção de igual interesse para advogados, poetas, cientistas forenses e mecânicos.

T
TRAUMA

Vivenciar um trauma é ter um conhecimento que não queremos. Quando repetimos os detalhes de um acidente e dizemos em voz alta o que aconteceu, sentimos que temos mais controle sobre esse conhecimento indesejado. É bem sabido que, se um avião cai, os investigadores procuram o gravador de voz da cabine, também conhecido como "caixa-preta", para revelar detalhes dos eventos que precederam o acidente. Quando repetimos nossas memórias de um acidente, seja ele vivenciado ou testemunhado, somos a caixa-preta.

U
RETORNO EM U, ÚNICA VIA PARA O INCONSCIENTE

João e Maria deixaram na floresta uma trilha de pão, para que pudessem fazer um retorno em U e encontrar o caminho de volta à sua casa. Os pássaros comeram o pão (sinalização da estrada) e a bruxa má quase comeu João e Maria. O carro é um útero para nos proteger da bruxa má que vive na floresta com suas corujas de olhos verdes. Tente atropelar a bruxa e você adormecerá ao volante por cem anos. Seus sonhos se desenrolam a cinco quilômetros por hora. Cervos cochilam no teto do seu Volvo. Pica-paus enterram seus bicos no para-brisa. Aranhas tecem teias nas rodas. Se os sonhos são a única via para o inconsciente, não importa que tipo de carro você dirige, sempre vai chegar lá no final.

V
VOYEUR

Ser um voyeur é observar os outros sem ser visto. Às vezes, isso implica um interesse sexual clandestino. Um voyeur é "alguém que olha" para uma ação íntima sem nenhum dos riscos que acarreta se envolver diretamente com a intimidade. Observar as consequências de um acidente de carro, no entanto, tem seus riscos. É algo que proporciona a nós, espectadores voyeurísticos, uma sensação íntima da nossa destruição, uma colisão agourenta com o espectro do nosso próprio fim. Enquanto olhamos com horror para os destroços espalhados na estrada, muitas vezes há um vergonhoso caco de vidro de excitação e curiosidade dentro de nós também. É como se o acidente fosse a edição final dos jogos de imaginação que todos jogávamos quando crianças (fingir-se de morto, esconde-esconde), de modo a nos prepararmos para a impossibilidade de aceitar a morte.

W
WARHOL

Nas serigrafias de acidentes de carro feitas por Warhol – *Green Disaster* (1963), *Orange Car Crash* (1963), *Saturday Disaster* (1964) – o artista se apropriou de fotografias de notícias de acidentes de carro anônimos e cotidianos, repetindo o trauma em múltiplas impressões – como se o ato de vê-los repetidamente nos entorpecesse diante do espetáculo da tragédia e da morte.

X

Um beijo sob as brilhantes estrelas noturnas.

Y
YAAAAH...

Na Idade Média, acreditava-se que o diabo entrava em nossas bocas toda vez que bocejávamos. Uma mão pressionada sobre esse buraco em nosso rosto funcionava como um tipo de trava central para impedir que bandidos entrassem. Na era pós-industrial, sabemos que o bocejo é causado pela falta de oxigênio. Portanto, bocejar num automóvel sugere que as janelas devem ser rapidamente abertas. O bocejo também é contagioso. Um passageiro nunca deve bocejar perto do motorista.

Z
zzz...

Em seu ensaio *O mito de Sísifo* (1942), Camus escreveu: "Valorizamos muito nossas vidas e nossa existência, mas ao mesmo tempo sabemos que em certo ponto morreremos e, no final das contas, nossos esforços não fazem sentido". Quando olhamos fixamente e com fascinação mórbida para fotografias de acidentes de carro, sobretudo aqueles que envolvem uma celebridade, o que esperamos encontrar? É possível que a pessoa desaparecida que estamos procurando no engavetamento de carros sejamos nós mesmos.

Migrações para Outro Lugar
e dores similares

Nos túneis de Woolwich, no sudeste de Londres, Alice não sabia como falar com o coelho branco. Tentou algumas frases em francês, italiano e espanhol de seu *Dicionário Europeu*, mas o coelho branco parecia confuso. Ele começou a não exatamente lamber as patas, mas a comê-las. Isso era ainda mais alarmante porque usava luvas. O coelho tinha enfiado a pata esquerda na boca e fazia sons estranhos na garganta. Alice lhe pedira em alemão que mostrasse o caminho para a estação de ônibus mais próxima. O coelho cuspiu a pata, apertou seu pequeno leque de seda chinesa junto ao peito e começou a correr. Alice correu atrás dele o mais rápido que pôde em seus brilhantes sapatos pretos, levantando uma névoa de poeira de Woolwich atrás dela. Quando ele corria em ziguezague, ela corria em zigue-zague. Quando ele corria em círculos, ela corria em círculos. O coelho branco parecia saber que era uma perseguição inútil. Parou de repente e começou a procurar algo no bolso do colete.

– Onde você está procurando? – Alice disse em inglês.

– Vou embora para minha outra vida – o coelho por fim gaguejou com uma voz irritada enquanto dava tapinhas nos bolsos do colete.

– Sério?

Ela ficou observando com curiosidade ele tirar um cigarro de um maço chamado "Extra" e acendê-lo com a pata enluvada. Por um tempo, Woolwich desapareceu sob a estranha fumaça azul-leitosa do Extra do coelho. Ela conseguia ver a extremidade das orelhas dele despontando.

– Onde é sua outra vida?
– Em Outro Lugar.

Alice jogou o cabelo comprido para trás.

– Como é Outro Lugar?
– Não sei muito bem como é a paisagem – o coelho acenou com a pata de forma indiferente.
– Ah. Então você ainda não esteve lá?

Alice estava aprendendo tudo sobre resistência em Woolwich. Quando o coelho saiu correndo de novo, dessa vez com um Extra pendurado nos lábios, ela havia aprendido a correr ao lado dele. Observou o esbaforido rabo de pompom checar o cronômetro e murmurar:

– Sempre se lembre de voltar ou avançar o tempo conforme apropriado para o local de destino.
– Que horas são em Outro Lugar?

O coelho a ignorou, inalando com força seu Extra, os olhos cravados no chão. Alice se perguntou se ele tinha sido usado em um experimento científico e se tornado viciado em cigarros como resultado. Percebeu que os bigodes dele estavam tremendo.

– Bem, posso te dar algumas frases – ofereceu Alice, balançando seu dicionário. E então se lembrou: – Só que não sei que língua falam em Outro Lugar.
– Falam a língua de Outro Lugar – respondeu o lacrimoso de olhos vermelhos.

Enquanto passeavam por Woolwich, uma lata de cerveja numa mesa chamou a atenção de Alice. Ela passou-a para o silencioso e pensativo coelho.

— Talvez você devesse tomar um pouco disto? Capaz de soltar sua língua, e você pode me contar mais sobre Outro Lugar.

— Não vou dizer que não — disse o coelho.

Alice abriu a lata e passou para ele. O coelho agarrou a lata com suas patas enluvadas (durante a caminhada, tinha puxado uma de suas luvas para fora e, então, muito devagar, a colocara de novo) e a levou aos seus pequenos lábios finos.

— Minha mente está crescendo — ele sussurrou. — Posso senti-la crescendo agora mesmo.

— Então fale — Alice exigiu e, só para conseguir acompanhar, tomou um gole minúsculo também.

— Não! — O coelho se tornou mais assertivo. — Não vou dizer mais uma palavra até que você me diga quem é.

— Bem, vou fazer o possível! — Alice colocou as mãos nos quadris para não ficar tentada a roer as unhas enquanto falava. — Moro na Inglaterra, mas nasci na África. Sou uma menina. Moro com minha mãe, que é divorciada do meu pai. Tenho uma irmã. Ela está guardando meu chocolate de sexta-feira para mim e eu vou comê-lo quando chegar em casa. E tenho dois irmãos. Um mora no México, o outro em High Barnet, que fica na linha Norte do metrô. Na verdade, não sei muito sobre mim mesma. Não sei o que quero saber e se o que sei vale a pena saber.

O coelho branco pensou a respeito por um tempo.

— Você é africana, inglesa ou europeia?

Para sua surpresa, a garota começou a chorar. Parecia não haver fim para as lágrimas dentro dela. Escorriam por suas bochechas e molhavam seus sapatos pretos e brilhantes.

— Posso te beijar? — o coelho fez o pedido de forma pragmática.

Alice estava curiosa. Nunca tinha sido beijada por um coelho, mas estava em Woolwich e não havia folhetos dizendo-lhe o que esperar.

– Tudo bem.

O coelho apagou seu Extra e mostrou os dentes.

– Tentei ligar para o programa Pare de Fumar – ele murmurou em seu ouvido. – Mas sempre ligava para o programa errado. Italiano na segunda, gujarati na terça, alemão na quarta, polonês na quinta, suaíli no domingo. E eu durmo aos sábados.

Enquanto ele pressionava seu nariz redondo e úmido contra o nariz comprido e seco dela, Alice sabia que estava prestes a ter uma grande surpresa. Embora as novas tecnologias prevíssem o fim da biologia, ou algo assim, de repente ela sentiu a diferença entre seu batimento cardíaco e o do animalzinho tentando beijá-la.

Para começo de conversa, os lábios dele eram muito finos e estreitos, e os dela eram grossos e largos. Não tinha problema se ela fechasse os olhos, mas, quando os entreabriu, fitou diretamente os olhinhos rosados dele com seus cílios brancos feito osso. Ele a fitava intensamente. Bem dentro de seus olhos verdes semicerrados. Por mais que ela tentasse pensar o contrário, estava claro que eles eram muito, muito diferentes.

E além disso havia os bigodes dele. Faziam cócegas na mandíbula dela e alguns chegaram a entrar em sua boca e espetaram suas gengivas. A outra sensação estranha eram as orelhas dele. Apontavam para cima, muito alertas, como alguém estupefato.

– Já chega de beijos por enquanto – ela disse, de modo severo.

O coelho branco era da mesma opinião. Achava Alice careca – ele, que era coberto de pelos. Outra coisa. As orelhas dela eram estranhamente espaçadas nas laterais da cabeça, e não eram muito expressivas. Essas coisas eram difíceis de dizer; então, em vez disso, ele tomou um gole de cerveja, pegou seu leque e o agitou depressa diante do rosto.

– Minha mente está muito grande agora – ele gritou.
– Tenho imensidão interior.

Alice limpou a boca na manga.

– O mundo dentro de mim é maior do que o mundo fora de mim – prosseguiu o coelho.

– É lá que fica Outro Lugar? – Alice pensou que estava no caminho certo. – Outro Lugar fica entre as suas orelhas?

– Talvez – o coelho branco admitiu.

– Isso não é bom. Como você vai trazer um souvenir para mim, então?

O coelho abanou o rosto em silêncio melancólico.

Aos próprios ouvidos, Alice parecia alguém que não era ela, mas como, de todo modo, não sabia quem era, pensou que teria que seguir o fluxo de seu novo Tom de Sabedoria – disfarce útil para a condição de não saber absolutamente nada. O coelho acariciou o forro do colete e cantarolou enquanto ela desenvolvia seu tom.

– Outro Lugar é melhor do que Woolwich, então, coelho?
– Ah, sim.
– Por que é melhor?
– Outro Lugar é a vida que eu nunca vivi. A vida que eu mais quero.

– Acho que você não está dizendo coisa com coisa. – Alice riu.

O coelho se recompôs. Parecia mais alto do que quando ela o vira de relance correndo por Woolwich, da primeira vez. Ele apontou para os olhos desafiadores e fixos dela com seu leque e a achou horrorosa. Havia algo na certeza com que ela expressava suas opiniões que o fazia querer arrebentar os tendões do seu pescoço com os incisivos superiores. Como tinha sido a estranha Alice a gentilmente apresentá-lo àqueles sentimentos desconhecidos, ele se sentia obrigado a apresentá-la à sua mente em rápida expansão.

– Você deveria saber que tenho imensidão interior porque reuni todas as minhas paixões e anseios em mim mesmo e com eles construí Outro Lugar.

O coelho branco parecia esperar que o aplaudissem de pé, porque levou as patas enluvadas aos lábios e jogou beijos para uma multidão imaginária.

– Bem – declarou Alice. – Humm. Você acha que eu poderia experimentar um dos seus Extras?

O coelho pegou o maço e contou os cigarros.

– Sim, senhora – ele respondeu, extravagante, e então, para espanto de Alice, tentou vender a ela cinco isqueiros descartáveis pelo preço de um.

Dando uma tragada no Extra, Alice se viu tomada por sensações e pensamentos estranhos que não conseguia perseguir depressa o suficiente.

– O fato é que quando você chegar a Outro Lugar será um estranho. Será "o coelho de outro lugar".

– Posso ver que você é um tipo de garota muito tensa – o coelho murmurou enquanto inalava outro Extra. – Como já te disse de modo extenso (mas não tanto quanto meu Extra, que oferece um pouco mais, essa é a principal qualidade do que é extra), Outro Lugar é minha maneira de experimentar a vida em si!

Alice apontou para as patinhas do coelho.

– Você deveria tirar suas luvas e cair na real.

O coelho piscou os olhos.

— Sim. Este é o nome da minha casa em Outro Lugar. "Villa Real."

O coelho branco se deitou e descansou nas patas enluvadas e dobradas a cabeça que continha sua imensidão interior. Queria explicar à garota que ele carregava sua terra natal consigo o tempo todo. Em consequência disso, sua cabeça era muito pesada, e ele adormecia antes mesmo de conseguir passar fio dental nos dentes.

Quando o coelho branco acordou do que acabou sendo um sono sem sonhos, ficou surpreso ao se sentir desolado. Ainda mais surpreendentes foram as lágrimas que correram por suas bochechas e molharam seu pelo. Ele engoliu em seco e lambeu as gengivas doloridas, que davam a impressão de não poder segurar seus dentes por muito mais tempo. Não havia dúvidas. Ele teria que mudar o estilo de vida de sua imensidão interior.

Também estava muito nervoso com o fato de suas gengivas deportarem seus dentes. Além de precisar deles, sentia que o lugar certo e apropriado deles era sua boca. Não queria carregar os molares no bolso do colete, porque não era onde os dentes deveriam estar. Entreabriu os lábios e levantou a pequena pata para cutucar as gengivas sensíveis. Fez uma careta de dor. Não havia dúvidas de que seus dentes posteriores estavam bambos. Conseguia movê-los com facilidade. Estavam soltos. Iriam cair. Esse fato o deixou horrorizado. Depois que dez minutos se passaram, concluiu que os próximos dez minutos não iriam melhorar, de modo que não teria importância se fumasse um Extra.

Tateou por ali, batendo na terra de Woolwich com sua pata enluvada, procurando o maço de cigarros. As três primeiras tragadas o colocaram de volta nos eixos. Suas lágrimas secaram. Sua respiração se acalmou. Seu ânimo melhorou. Mas, quando chegou à quarta tragada, ele começou a perceber que o sofrimento que o visitara durante o sono não havia ido embora. Cada tragada seguinte de seu Extra só adiava o sofrimento que espreitava entre as tragadas. Seus Extras não eram suficientes. Mas como ele poderia obter Extras extras? Era como se sua marca confiável tivesse encolhido para Xtra em vez de Extra.

Mais uma questão. O coelho se sentou e tentou construir um pouco mais de Outro Lugar. Era isso que fazia, de modo geral, quando estava se sentindo melancólico. O novo salão de baile que estava adicionando à Villa Real parecia frágil, não tão sólido quanto deveria. Se ele empurrasse as paredes da nova extensão com a pata, iriam desmoronar e, o que era pior, desmoronar silenciosamente.

O coelho se via um tanto deprimido agora, e as lágrimas retornavam, dessa vez lágrimas muito potentes. Era como se o fluido escorrendo de seus canais lacrimais tivesse algum tipo de desespero concentrado, e esse desespero fosse como um remédio homeopático. Ao lamber uma pequena lágrima ele consumiria uma porçãozinha controlada do próprio sofrimento para combater o sofrimento maior que se espalhava por todo o seu ser. Olhou em volta em busca de um recipiente no qual pudesse derramar algumas daquelas lágrimas indesejadas.

Seu olho direito rosa viu uma garrafinha na mesa com o rótulo "Chore em mim". Ao realizar essa ação absurda, colocar o olho sobre a tampa da garrafa e então chorar para que as lágrimas pingassem ali dentro, o coelho sabia que suas lágrimas eram uma mensagem. Uma mensagem na garrafa. Ele teria que aceitar que vivia e respirava em Woolwich e se tornar um residente permanente ali. A placa que infectava suas gengivas, corroendo-as devagar dia após dia, havia se espalhado em sua mente. O coelho branco tirou as luvas brancas. Enrolou-as numa bola e meteu as pontas para dentro.

Mas e quanto a Outro Lugar, o lugar onde ele mais ansiava em estar? Tinha desaparecido, e ele não possuía um mapa que lhe permitisse encontrá-lo de novo. E pensar que Outro Lugar havia sido destruído não pelo Exército de Libertação de Outro Lugar, mas pela revolta psíquica do próprio coelho.

Enquanto isso, Alice se via lutando com todos os músculos de seu corpo de menina para sair de Woolwich. Não havia portas com a palavra "saída" para guiá-la. Nem janelas, ou escadas, ou elevadores, ou escadas rolantes, ou adultos uniformizados para lhe dar orientações. Ela intuiu que teria que sujar as mãos com a terra de Woolwich e começar a cavar. Uma vez tendo tomado essa decisão, sentiu-se mais calma. Ajoelhou-se na terra e começou a cavar com as mãos. Os túneis de Woolwich não eram tão sólidos quanto pareciam. Para sua surpresa, a terra se soltava com facilidade, e ela cavou cada vez mais depressa até criar um grande buraco, seu cabelo comprido arrastando-se na terra. Ao cavar, pensava no coelho branco e em como ele havia fugido dela. Tap-tap com seus pezinhos. Ela deveria tê-lo agarrado pelas orelhas e revistado seu colete em busca dos pacotes de Extras e dos cinco isqueiros descartáveis. Ocorreu-lhe que a única coisa a fazer agora era mergulhar a cabeça no buraco que havia criado e empurrar para valer até ver o céu azul aparecer numa fenda, o que seria um sinal claro de que havia chegado em casa.

Foi assim que o coelho branco a encontrou. Tudo o que ele conseguia ver eram as canelas de Alice espetadas para cima feito um estranho arbusto crescendo nos túneis de Woolwich. Soube de imediato que estava presa. O que ele tinha de fazer era dar um empurrão na menina. Afinal, não queria que ela ficasse por ali puxando conversa com ele. Ah, não, de jeito nenhum. O coelho enfiou uma pata na parte de trás de cada um dos joelhos de Alice e, dobrando os próprios joelhos para ajudar seu corpinho a suportar a tensão, deu-lhe um bom empurrão. Os botões saltaram de seu colete, mas ele não se importou. Teria que torcê-la para a direita e para a esquerda, como um saca-rolhas. Na verdade, ele empurrou e torceu as canelas da menina com tanta força que rompeu um vaso sanguíneo no olho. Ela caiu. Lá vai ela. Alice inteira passando pelo buraco, exceto seus brilhantes sapatos de verniz. Eles de alguma forma se soltaram enquanto ela lutava para sair, as fivelas se afrouxando, os sapatos brilhantes escorregando dos calcanhares e depois dos dedos e caindo no chão.

Ah, que lindas fivelas prateadas! Um pouco ofegante devido ao recente esforço físico, o coelho branco meteu os pezinhos nos sapatos de Alice e descobriu que se encaixavam perfeitamente. O rabo de pompom lambeu os bigodes dando alguns alegres passos com seu novo calçado. As tirinhas pretas ficavam elegantes em contraste com o pelo branco de seus tornozelos. Ele experimentou alguns arrastados passos de dança, abanando as patas nuas na frente do peito. Até se sentiu melhor com relação aos dentes bambos. Se o pior acontecesse e eles se deportassem de suas gengivas, pelo menos os pés desviariam a atenção de seus lábios frouxos de coelho. Acariciou seu pelo desgrenhado com uma pata úmida e, segurando o pequeno frasco de lágrimas junto ao peito, caminhou corajosamente até o centro de Woolwich.

Um alfabeto itinerante para a Voz Interior

A de Apollinaire, que insistia em dizer que o desejo é a voz autêntica do eu interior.

A de Ator.
O ator e o assassino têm algo em comum. Queremos olhar para eles, mas, mais do que isso, queremos olhar dentro deles.

B de Bochechas em Brasa.
Ficar com as bochechas em brasa é tornar-se outro grau centígrado. A humilhação ou qualquer sentimento intenso é uma mudança no clima do corpo. O desejo também.

C de Cronologia.
A trama desta história começa na letra J. Se você quiser pular o texto até lá, tudo bem. Se quiser se dar ao trabalho, vai desfrutar mais disto aqui se ler primeiro D, E, F e I.

D de Desejo.
Quando se trata de desejo, estamos todos numa novela e o roteiro é sempre o mesmo. "Não quero te magoar, mas é o que vou fazer. Sinto muito, porque você é uma boa pessoa, mas não sinto muito o suficiente."

E de Eczema.
Eczema é o sistema nervoso escrito na parte externa do corpo.

F de Falsificação.
Somos todos nós.

I de Imitação.
Aqueles de nós que não conseguem imitar não têm imaginação. Não conseguimos ver além do nosso próprio modo de ser – somos uns nacionalistas nojentos.

J de John.

L de Laço.
Na terça-feira à noite, às 19h50, John e eu fomos ver o filme *A.I.: Inteligência Artificial*, de Steven Spielberg e Stanley Kubrick. Sentamo-nos lado a lado no escuro, próximos, mas separados. O filme era sobre um menino-robô feito em laboratório, que era especial porque foi programado para poder amar. Sua mãe adotiva ficou com medo da afeição de seu filho-robô e o abandonou na floresta. Anos depois, o menino-robô é descoberto, no fundo de um rio congelado, por estranhas e belas criaturas, formas de vida artificial. Têm corpos altos e magros, semelhantes às primeiras pinturas rupestres, e são muito respeitosas com o menino-robô. Percebem que ele é seu último laço com os seres humanos, porque foi um humano que o programou. Não sei o que aconteceu depois, exceto que John estava bebendo uma lata de cerveja e eu fechei os olhos. Fechei meus olhos porque percebi que John e eu estávamos artificial e inteligentemente apaixonados. Éramos a inteligência

artificial que precisava encontrar o menino-robô, porque ele estava programado para amar. Tinha algo dentro de si que precisávamos que estivesse dentro de nós.

M de Melancolia.
Eu sabia que John e eu precisávamos ter uma conversa.

M de Matrimônio.
Quando aviões caem, a equipe de emergência procura a caixa-preta, que contém o registro da última conversa do piloto. Imaginei que a conversa que John e eu precisávamos ter seria encontrada na caixa-preta do avião acidentado do nosso casamento, atirada no fundo de uma geleira. Ela cai através do espaço e do tempo e é retirada do gelo por formas de vida artificial que se reúnem para ouvir as vozes tristes e fortes de seres humanos sofrendo.

M de Mistério.
Não é preciso um alienígena vir nos dizer que, quando o amor morre, temos que encontrar outra maneira de estar vivos.

T de Tremor.
Eu disse, Escute, John, não quero te magoar, mas é o que vou fazer. Nosso casamento acabou.

V de Voz Interior.
Ela está dormindo, desculpe. Ligue de novo amanhã.

Uma leitura da autobiografia de Violette Leduc, *A bastarda*

> Com a idade de cinco anos, de seis anos, de sete anos, eu costumava começar a chorar às vezes sem aviso, simplesmente pelo prazer de chorar, de olhos bem abertos para o sol, para as flores... Queria sentir em mim uma imensa tristeza, e ela vinha.

A bastarda (1964) é um título duro para uma autobiografia cheia de animais, e crianças, e plantas, e comida, e eventos climáticos, e garotas se apaixonando por garotas. É verdade que Violette Leduc era a filha ilegítima de uma empregada doméstica seduzida pelo filho tuberculoso do patrão, mas escolher um título tão melodramático e redutor nos revela quão difícil foi para Leduc escapar da maneira como sua mãe a descrevia, e nessa descrição dava à filha um crucifixo interno no qual pregar a história de sua vida.

Não surpreende, então, que a fornalha no centro da autobiografia de Leduc – na verdade, em todos os seus escritos – seja alimentada por sua ambivalente mãe de olhos duros, sobre quem ela escreve: "Você vive em mim como eu vivi em você". No entanto, se as lágrimas da jovem Violette jorram de seus olhos abertos para o sol, as palavras da Violette mais velha também jorram do mesmo lugar. Ela não é cegada por suas lágrimas nem seus olhos estão fechados para os prazeres de estar viva. O que quer dizer que Leduc era uma escritora muito presente no mundo, apesar da angústia que sofreu durante toda a vida. Além do mais, era uma escritora que daria a máxima atenção à causa de sua angústia e criaria o tipo de linguagem visceral que irrita com frequência leitores hiper-racionais. Isso porque Leduc vivencia tudo no corpo:

> Com Isabelle pesando sobre meu coração escancarado, eu queria senti-la entrar nele. [...] Ela me dava uma lição de humildade. Tive medo. Eu era um ser vivo. Não era uma estátua.

Ela não apenas descreve (de modo infame) as sensações físicas do sexo entre mulheres: descreve a sensação física de não ser amada, a sensação física da pobreza, da neve, da guerra, de pavões emitindo chamados num prado – ela está sintonizada com o mundo, todos os seus sentidos ligados. Essa é uma maneira extraordinária (e impossível) de estar no mundo, mas para Leduc era comum. Ela é uma escritora que energiza tudo a que dá atenção, uma laranja murchando ao sol, uma mancha de tinta numa mesa, a porcelana branca de uma saladeira. Leduc se recusa a se entediar. Nada é arrumado decorativamente para sugerir uma atmosfera ou um sentido de lugar ou para preparar um cenário. Todas as coisas que estão na página encontram-se ali porque o narrador percebe que fazem algo.

Mesmo quando jovem, Leduc sabia que tinha que encontrar o sentido da própria vida. A mãe queria que ela fosse protestante, a religião de seu pai ausente, mas toda vez que Violette tenta ouvir Deus só há ausência. Quando descreve ter assistido à sua amada avó rezando na igreja, Violette fica abismada ao perceber que, embora esteja sentada ao lado dela, perdeu-a. Naquele momento, sua avó não está ali; encontra-se em comunhão com outro lugar, enquanto Violette é condenada a estar aqui, a estar presente, a estar neste mundo. Isso não é pouca coisa se você é pobre, mulher, um tanto curvada, não muito atraente (Simone de Beauvoir se referia a ela como "a Mulher Feia") e não tem nada além de seu talento e de sua astúcia para garantir seu sustento. Sabemos que o equivalente de Leduc às orações que transportaram sua avó para outro lugar serão as palavras. Com elas, o que fez não foi exatamente encontrar o sentido da vida, mas aguçar a vida até que fizesse sentido.

O ensaísta francês Antonin Artaud, que às vezes enlouquecia, escreveu: "Sou um homem que perdeu a vida e busca de todas as formas colocá-la de volta no lugar. [Você ouve os gritos de um homem refazendo a própria vida.]". É por isso que as pessoas escrevem autobiografias? Estão tentando refazer suas vidas? *A bastarda* não é uma tentativa de refazer a vida de Leduc, embora não haja dúvidas de que escrever livros foi sua salvação.

É provável que seja uma tentativa de encenar sua vida e, ao fazê-lo, testemunhar a si mesma como sua principal intérprete – e que interpretação. Na época em que escreveu sua autobiografia, Leduc já tinha vivido duas guerras mundiais, tido casos intensos e voláteis com mulheres – o fim de um caso de amor, ela diz, "é o fim de uma tirania" –, sido casada e se separado, escrito e publicado alguns romances (nos intervalos entre carregar, da Normandia, malas pesadas com manteiga e cordeiro do mercado clandestino para vender aos ricos em Paris), trabalhado como telefonista, secretária, revisora e redatora de publicidade. Também teve um relacionamento com o escritor Maurice Sachs. Foi Sachs, um homossexual extravagante, que trabalhara como leitor para a Gallimard, admirador de Apollinaire,

Kant, Cocteau, Duras e Platão – sem mencionar bolos de creme fresco, *brandy* de maçã e cigarros –, quem encorajou Leduc a escrever em vez de ficar "choramingando" nos ouvidos dele. Leduc o retrata como uma espécie de Oscar Wilde francês, um homem ao mesmo tempo aturdido e fascinado pelas mulheres, que a enche de terror por causa da "suavidade nos olhos dele". Leduc se apaixona por ele porque ela tem uma "paixão pelo impossível". Que tipo de arranjo podemos fazer, ela se pergunta, com pessoas que amamos profundamente, mas que não podem nos dar tudo o que queremos? O que Sachs pode fazer é dizer a ela: "Suas tristezas de infância estão começando a me entediar. Hoje à tarde você vai pegar sua cesta, uma caneta, um caderno, vai se sentar debaixo de uma macieira, vai escrever o que me conta".

Foi debaixo daquela macieira que ela escreveu a maravilhosa primeira linha de seu primeiro romance, *L'Asphyxie*: "Minha mãe nunca me deu a mão". Simone de Beauvoir leu o manuscrito e ficou tão impressionada que se tornou a mentora de Leduc, usando seus contatos para ajudar a publicá-lo em Paris, no período pós-Segunda Guerra. Quando o editor de Leduc, Jean-Jacques Pauvert, ofereceu-lhe cem mil francos pelo manuscrito, ela exigiu a quantia em dinheiro, de preferência em notas de baixo valor.

Na época em que Leduc escreveu *A bastarda*, ela retornaria aos temas sobre os quais havia escrito antes (sua mãe, as privações de sua infância, a paixão sexual, o erotismo de tudo, café, sapatos, cabelo, paisagem), mas como escritora no auge de seus poderes literários. Na verdade, ocupava uma posição única para escrever uma autobiografia, porque era uma romancista que sabia como fazer o passado e o presente colidirem com perfeição num parágrafo. Leduc também sabia algo que escritores menores não sabem. Sabia que o passado não é necessariamente interessante. Na oitava linha de *A bastarda*, declara: "O passado não oferece sustento". Isso me fez rir, porque eu estava na página um, com 487 páginas de "passado" para percorrer. Mas ela era inteligente. Observar tão cedo em sua história de vida que não há alimento no passado é dar ao passado uma vantagem. Deixa-nos curiosos sobre de que o passado carece em termos de alimento para a narradora. O que é o passado, afinal? Que tipo de lugar? Sim, é uma série de eventos que aconteceram antes de agora, mas o passado, assim como a escrita, é sobretudo uma forma de olhar.

A astuta decisão de Leduc foi dizer ao leitor que ela não é única, o que é um alívio – a maioria das pessoas escreve autobiografias para nos persuadir de que é. Ela então segue adiante e deseja ter nascido uma estátua – presumivelmente porque, se fosse feita de bronze em vez de carne, não teria que sentir as coisas dolorosas que vai nos contar. Ainda na página um, nos diz que está sentada ao sol, lá fora, cercada por videiras e colinas, escrevendo num caderno. De repente, imagina seu próprio nascimento. Está num quarto escuro. A tesoura do médico faz um clique enquanto ele separa a criança da mãe: "Findos os vasos comunicantes que éramos quando ela me carregava".

"Quem é essa Violette Leduc?", ela pergunta. E então é o dia seguinte, ela colheu algumas ervilhas-de-cheiro, coletou uma pena e agora está na floresta escrevendo, fitando o tronco de uma castanheira. Cada momento tem respiração e cada respiração empurra a narrativa para um lugar surpreendente, para algum local que importa porque importa para Leduc. Quando ela rouba flores, "sempre azuis", de um parque, une a ação a uma percepção. Diz que as flores são sua maneira de "recuperar os olhos de sua mãe", e acho que com isso quer dizer que deseja encontrar a imagem de sua mãe em algo bonito. E, quando está no campo convalescendo de uma doença, escreve: "Sempre que eu olhava para os objetos e móveis na sala, sentia que estava sentada na ponta de uma agulha. Tanta limpeza era repulsiva". Sua prosa é cinética e poética, mas nunca desaba em poesia. Na verdade, seus livros são muito mais fundamentados nas realidades e incertezas da vida cotidiana do que alguns de seus contemporâneos existencialistas.

Apesar de aclamados por Camus e Genet, Simone de Beauvoir e Sartre, os livros de Leduc decerto não estão lado a lado com os deles nas livrarias. Talvez isso seja porque nada a ensinou (ou a Genet) que a vida ou a literatura eram respeitáveis. A literatura, para Leduc, não era um sofá confortável ou uma sala de aula numa universidade – nem era um lugar onde seres humanos falhos passam por algum tipo de catarse e emergem felizes, inteiros, curados, milagrosamente limpos da raiva, da luxúria e da dor.

Declarar que não há alimento no passado é uma meia-verdade, claro. O que alimentou Leduc foi ela ter escrito sua vida com um público em mente. É por essa razão que ela "mordeu o fruto" de suas "desolações" – é o que muitos escritores fazem, e Leduc não é mais louca do que eles por ter a audácia de acreditar que essas desolações podem ser interessantes. Discordo de Beauvoir, mesmo astuta como é, quando descreve "a sinceridade inabalável" da escrita de *A bastarda* "como se ninguém estivesse ouvindo". Beauvoir certamente não escreveu seus próprios livros acreditando que ninguém a estava ouvindo, e deve ter tido consciência de que, mesmo numa autobiografia desinibida como essa, não existe memória cem por cento verdadeira – toda escrita (exceto diários, mas isso também é discutível) é moldada com um público em mente. Leduc, que se dirige ao leitor em vários trechos como "Leitor, meu leitor", sentia-se mais no direito de ser ouvida do que Beauvoir (inconscientemente, talvez) pensava que ela deveria se sentir.

Violette Leduc teve que passar a vida inteira desaprendendo a ver o mundo como sua mãe via. A maioria de nós escolhe ser menos alerta às coisas que nos afligem. Isso simplesmente não era possível para Leduc.

A mulher com a pele de raposa

Os romances de Violette Leduc são um pouco peculiares. Jean Genet foi um dos primeiros admiradores de Leduc, assim como Simone de Beauvoir e Camus. De acordo com a autobiografia de Edmund White, *My Lives*, Genet e Leduc chegaram a fazer um filme amador juntos – a encenação de um batismo em que Genet, que era órfão, fez o papel do filho; e Leduc, da mãe. Ambos os escritores eram ilegítimos, nascidos numa época (Leduc em 1907) em que essas coisas importavam. O teatro do batismo, com suas narrativas de pertencimento, de ser ordenado e reivindicado, deve ter sido uma encenação muito forte. A mente dá voltas ao pensar no que eles podem ter feito – uma pena o filme ter se perdido. Se, como White destaca, tanto Proust quanto Genet "estavam desmantelando todas as ideias recebidas sobre o casal, a masculinidade, o amor e os papéis sexuais", eu incluiria Leduc na reorganização da estrutura social e sexual de seu tempo. Não acho que ela tenha se proposto a fazer isso, mas sua vida não era burguesa ou estável o suficiente para fazer qualquer outra coisa.

Leduc estava ciente de que seus grandes temas – a solidão, a humilhação, a fome, a derrota, a decepção – são grandes temas cômicos. Samuel Beckett também sabia disso. Requerem uma sensibilidade totalmente não sentimental, uma maneira de cravar os olhos na vida.

No entanto, são o amor e o desejo femininos os principais temas de Leduc. Ela mesma declarou que queria expressar "de modo tão exato quanto possível, tão minucioso quanto possível as sensações do amor físico".

Em *La Femme au petit renard*, é a sensação de fome, de perda de um futuro, de conexão cotidiana com os ritmos da movimentada vida parisiense que preocupam a velha senhora do título. "Ela respirava o oxigênio destinado às mulheres que tinham preparado o jantar. Gritar que era impossível começar sua vida outra vez seria inútil."

A velha faminta de Leduc não é exatamente velha para os padrões de hoje. No entanto, somos informados de que "manuseava seu sexagésimo ano tão levemente quanto tocamos a gaze ao fazer um curativo". É por Leduc entender de modo tão profundo quão misteriosos os seres humanos são que sua atenção como escritora está sempre num lugar interessante. Sua velha senhora olha para a língua de um bezerro na vitrine de um açougue e se pergunta, "O que havia numa língua de bezerro?".

Isso lhe recorda a areia fina nas pétalas de uma rosa-amarela, o que a faz pensar em quando pintava pores do sol em sua juventude. Suas pinturas eram seu equivalente de "altares e hóstias sagradas". Leduc não higieniza e achata uma percepção, tornando-a mais literal do que é: aceita a própria linguagem. A vida, como a linguagem, é coerente e incoerente. Leduc dobra na textura de sua narrativa os estranhos pedaços intermediários da experiência.

Ela é incapaz de inventar uma frase chata. Uma frase efusiva demais de vez em quando, talvez. Mas mesmo isso é bem instigante. A definição de Evelyn Waugh da ficção como "experiência totalmente transformada" ou a observação astuta de Hanif Kureishi, em *My Ear at His Heart*, de que escrever é com frequência um substituto para a experiência, uma espécie de devaneio, são justas o suficiente, mas não cem por cento verdadeiras no caso dela. Escrever, para Leduc, é uma forma concentrada de ter uma experiência. Ela é uma escritora dos verbos no presente e, assim como Virginia Woolf, registra "os átomos conforme eles caem sobre a mente". Quando sua velha senhora acorda com sede certa manhã de verão em Paris, quer encontrar uma laranja para chupar. Então vasculha as latas de lixo e descobre uma pele de raposa fedorenta numa caixa etiquetada como tripas. Em vez de uma laranja, ela encontrou "uma pele de inverno no verão".

Apanha a pele e leva para casa. O que faz com ela?

"Beija o animal, e continua beijando-o, da ponta do focinho até a extremidade da cauda. Mas os lábios dela estavam frios como mármore: em sua mente, esses beijos também eram um ato de meditação religiosa."

– Você é mesmo louca, Violette – eu disse em voz alta. E então li as três linhas seguintes.

"Ela olhou para ele de cima a baixo, depois teve seu primeiro ataque de riso incontrolável: a intensidade com que ele a divertia não era menos sincera do que o amor que ela sentia por ele."

Os provocadores literários sempre escreveram livros bastante peculiares, e as grandes editoras sempre os publicaram. Como a velha senhora observa no final desse romance suave e agridoce, seu "mundo não consistia em nada além do que ela havia inventado".

O pensador
Para a artista Francis Upritchard

Será que devo fazer um upgrade no meu telefone? Posso sobreviver com pouquíssimo sono? Tenho sorte? Quanto estresse consigo suportar? Ainda sou jovem? Tenho energia para brincar com meus filhos menores? Devo banir certos alimentos do apartamento? Minha terceira filha adora dança e debate. Engrossa as sobrancelhas com um lápis marrom. Não prepara chá para os maridos de suas irmãs mais velhas. Sem dúvida que é indelicada, mas não tem medo dos homens. É sábia ou tola? Vai herdar minha insônia? Seu corpo é maior do que o meu. Será que sua feminilidade é mais forte que minha masculinidade – e o que isso significa? Vou afundar no misticismo e escrever um best-seller? Ou vou afundar em meu eu sofredor (sepultado em meu chapéu) e escrever um panfleto para alcançar fama barata? Está na hora de fazer um testamento? Se eu deixar meus animais para o filho mais velho (não dei nome aos macacos, mas nunca os enjaulei), ele vai amá-los ou espancá-los ou doá-los? Ou devo legar a ele meu terno feito sob medida por um alfaiate em Gujarati? Eu preferiria que todos os meus dezessete filhos não comessem carne de animais, mas três deles chupam a medula dos ossos e um deles come pé de porco. Não sou um pensador extremo. Jamais gritei "Deus está morto" do topo de uma montanha.

Não estou procurando o abismo.

Será que ele está procurando por mim?
A pornografia está entorpecendo minha libido? Há quilômetros suficientes em minha mente para percorrer o longo caminho até a iluminação? Estarei esperando como um espião discreto que novos desejos surjam? Até agora, os desejos retrô me excitam mais – olá, velhos amigos. Cada novo pensamento é um trono antes de se esborrachar no chão. Não sou um rei. Não sou um príncipe.
Minha mente está abarrotada de móveis quebrados.
Sou feliz por ter visto dois antílopes descansando num campo iluminado pelas estrelas em Marfa, Texas. Há tantas coisas que quero ver. Há tantas que não quero ver. Não quero abrir cartas do banco. Ou da minha primeira esposa. Ou de Helen, ou de Samuel, ou do Mastercard. O que estou aguardando? O quê? Algo. O quê?
Gosto de lavar os tênis brancos da minha nona filha com uma escova e colocá-los no aquecedor para secar. Será que minha mente é um instrumento profundamente sério? Serei calmo demais para uma perseguição eletrizante com alguém, com alguma coisa? Gosto do formato do meu pênis? Haverá um arrepio correndo pela minha espinha? Sou um mágico ou estou apenas estupefato por regar minhas plantações enquanto a chuva cai?
Será que algum dia conseguirei fazer planos para o futuro ou sou frágil demais para o esforço? Estou disposto a mudar? Sou original e contemporâneo ou apenas uma boa diversão tarde da noite? As notícias são encorajadoras para meu time de futebol. Os jogadores se prepararam mentalmente para uma partida difícil. Um a zero até agora.
Será que o arranjo das ideias é mais importante que a ideia em si? Razão, Intenção, Superfícies, Profundidades, Essências.

Estou esperando a filha feroz com as sobrancelhas voltar – ela foi ver filmes na casa de um de seus amigos. Gostamos de conversar um com o outro. Sua filósofa favorita é Simone Weil. Sério, ela é uma pensadora muito mais interessante do que eu.

Carisma

O trabalho de Lynne Turner era ensinar funcionários da universidade a se comunicarem com clareza. Ela usava um terninho azul e nos disse que o contato visual é importante. Disse, "Quando você se aproximar de alguém, olhe essa pessoa nos olhos, aperte sua mão, diga seu nome e anuncie: 'É um prazer te conhecer'".

Enquanto ela dizia isso, pensei no filme *Blade Runner*. Imaginei Lynne Turner como uma replicante que aprendera a ser humana numa oficina. Vi-a sentada numa colcha rosa em seu quarto, abrindo um envelope. Tem quatro dias de idade e sabe que só tem uma vida útil de quatro anos.

Em *Blade Runner*, os replicantes são programados com memórias para torná-los mais parecidos com os humanos — então no envelope há algumas fotografias para dar a Lynne Turner uma história forjada. A primeira foto é de sua mãe sorrindo num vestido amarelo de verão. A segunda é de uma garotinha chamada Lynne apertada nos braços da mãe, as bochechas de uma pressionadas contra as da outra, e ao fundo um jardim com um balanço infantil. A terceira foto é de Lynne aos dezoito anos, sentada ao lado de um jovem na roda-gigante num parque de diversões. Lynne Turner está sentada em seu quarto praticando repetidas vezes como dizer: "O homem na roda-gigante foi meu primeiro namorado, Mike. Ele partiu meu coração".

Lynne Turner nos disse para formar pares e trabalhar no que ela chamava de exercício de boas-vindas. Então perguntei a um professor de quase sessenta anos, uma pessoa gentil, adorado por seus alunos, se ele seria meu parceiro no exercício de boas-vindas. Sua esposa havia morrido três meses antes e seu escritório estava cheio de flores. Olhei dentro de seus tristes olhos azuis, apertei sua mão e disse, "Meu nome é Deborah. É um prazer te conhecer".

Achei que ele ia rir. Nós nos conhecíamos bem, mas ele parecia genuinamente satisfeito em me conhecer, e fiquei confusa, porque eu estava atuando e era como se o tivesse enganado. Então foi a vez dele. Caminhou devagar em minha direção, estendeu a mão, olhou para meu cabelo e disse em voz baixa, "Meu nome é… meu nome é… hum… é um prazer segurar a sua mão".

Lynne Turner pediu que lhe relatássemos os resultados. Eu disse:

– Roger se comunicou muito bem. Ele é sem dúvida alguém que eu gostaria de conhecer e de quem gostaria de me aproximar.

– Excelente – disse Lynne Turner, na voz que ela havia aprendido nos primeiros quatro dias de sua vida. – O professor Wilson poderia nos mostrar como fez contato visual com sua parceira?

Então Roger, observado por todos no grupo, levantou-se e caminhou em minha direção. Ele tremia e suas mãos estavam suadas. Dessa vez, fechou seus olhos azuis e apenas segurou minha mão. A replicante Lynne Turner, cujos olhos tinham sido feitos num laboratório, franziu a testa e escreveu algo na prancheta.

E eu pensei na replicante Lynne Turner parada no meio da rua, sozinha, na chuva. Ela pega a fotografia falsa e amassada de uma menina de seis anos nos braços de sua mãe e a fita por um longo tempo. Enquanto a chuva cai sobre seu DNA, ela pratica dizer, "Esta é minha mãe. O nome dela é Elsa. Ela é uma correspondente de guerra e corre grande perigo no momento".

– Então – disse Lynne Turner – você se sente feliz com o contato visual que o professor Wilson fez com você há pouco?

Expliquei que os olhos são assim, eles se abrem e se fecham.

Mona Lisa

Seu cabelo parece descuidado sob o capuz. Ela deve ter piolhos. Sei que é magra demais. Se ela tirasse o vestido, você veria suas costelas. Seu hálito cheira a leite azedo. Seus lábios me assustam. Seu rosto está banhado em luz. Quero beijá-la logo abaixo de seu insano olho direito.

    Ela diz que um dia, quando Leonardo tinha três anos, um pássaro entrou voando pela janela e pousou no berço dele. Virou as costas para ele e roçou as penas da cauda em seus lábios. O pássaro talvez fosse o espírito do pai que o abandonou, depois o arrancou da mãe para ir viver em sua casa.

    A voz dela soa muito estranha para mim.

    Ela diz que não é infeliz ou feliz. Diz que está tudo bem com ela. Hoje está tudo bem e ontem estava tudo bem.

    Eu digo, Mona Lisa, onde você nasceu? Ninguém sabe quem você é. Ela diz, que tipo de pergunta é essa? Fui feita na cabeça de Leonardo da Vinci.

    Posso sentir sua respiração sob o vestido.

A escravidão à flor maligna da fama, tal como narrada por um cachorro
(Com agradecimentos a Charles Baudelaire)

Cultivei minha histeria com deleite e terror; senti a asa da loucura passar sobre meus olhos e uma orgia de palavras jorrar dos meus lábios; expresso meu lamento com todo o ardor aos pés de escritores que não passam de belos prisioneiros escravizados à flor maligna da fama – que, como lenha na lareira, sempre deixa o ambiente esfumaçado; meus pensamentos vagueiam como sífilis entre javalis e jasmim. Eu te digo, eu te digo, mal consigo conceber qualquer escritor em quem não haja um anseio tanto pelo esquecimento quanto pelo aplauso; minha infância é o osso que quebrou meus dentes e no qual mastigo fragmentos de memória na grama verde à beira do lago onde componho meu lamento para recitar (não aos domingos) aos mendigos e aos pombos; a ironia é minha irmã, minha mãe calejada é a cadência, meu pai assombra os esgotos, a lua é meu irmão dândi de bochechas encovadas; eu te digo, eu te digo mais uma vez, é tedioso representar o que existe, pois tudo o que existe já foi escrito.

A posição das colheres

Vigilância é uma palavra assustadora. Sugere o olho frio e implacável de várias tecnologias desencarnadas. Pelo menos um espião humano tem olhos que choram. Quando eu tinha 26 anos, morava no andar superior de uma casa dividida em dois apartamentos. O vizinho do andar de baixo se chamava sr. John. Compartilhávamos a porta da rua e um pequeno corredor em comum para chegar aos nossos respectivos apartamentos. Eu não sabia se John era seu sobrenome ou seu nome e, de qualquer forma, a correspondência endereçada ao seu apartamento vinha inscrita com um nome completamente diferente.

O sr. John já era um tanto misterioso, porque seus olhos estavam sempre escondidos atrás de óculos roxos ao estilo John Lennon. Ele tinha cerca de cinquenta anos e uma surpreendente abundância de cabelos brancos feito ossos na altura dos ombros. Era como se os hormônios que promovem o crescimento do cabelo tivessem acelerado em vez de declinado em sua meia-idade. Ele me disse que era filósofo.

Certa manhã, quando estávamos os dois separando a correspondência que caía pela caixa de correio da porta da rua, perguntei a ele o que achava do lamento do filósofo alemão Friedrich Nietzsche, o de que não conseguia "acreditar num Deus que quer ser louvado o tempo todo".

O sr. John sorriu. Seus lábios eram largos, finos e ligeiramente roxos, feito as lentes de seus óculos.

– Ah – ele disse –, mas é tão estimulante ser louvado. Talvez Nietzsche estivesse com inveja?

Achei que era uma resposta magnífica. Sem dúvida, o sr. John era um filósofo de primeira ordem. Nas poucas outras ocasiões em que conversamos no corredor, ele me disse que era importante ferver o ovo por quatro e não cinco minutos e que a colher deveria ser colocada no prato apontando para o ovo, e não na outra direção.

Na época, eu tinha um namorado que morava em Roma e me visitava a cada dois fins de semana. Quando Matteo tocava a campainha numa sexta-feira, eu descia correndo as escadas para abrir a porta, mas descobria que o sr. John infalivelmente sempre chegava primeiro.

Era como se meu vizinho soubesse a hora exata em que "meu amigo romano" chegaria e estivesse tão animado quanto eu para vê-lo. O pior era que Matteo também estava animado para ver o sr. John. Eles conversavam no corredor apertado sobre todo tipo de coisa – como cozinhar uma alcachofra, música religiosa, problemas de trânsito em Roma e Londres – enquanto eu espreitava na escada me sentindo uma intrusa. Às vezes, quando voltávamos para o apartamento tarde da noite depois de ver um filme, o sr. John estava passando o aspirador no pedacinho de carpete no corredor. Nessas ocasiões, ele usava pijama e um par de brogues sem cadarço. Meu vizinho nunca passava o aspirador no carpete do corredor quando Matteo não estava lá.

Então, numa quinta-feira à noite, o sr. John me convidou ao seu apartamento para "uma taça de vinho tinto e um prato de bolachas e queijo". Fiquei curiosa, porque nunca tinha visto como era lá dentro. O único livro em sua sala de estar era um exemplar do guia de ruas de Londres. Ele gesticulou para que eu me sentasse numa das duas poltronas. Quando teve certeza de que eu estava sentada e não de pé, disse-me que por favor aguentasse um minuto (como se intuísse que ele era alguém impossível de se aguentar) enquanto preparava as bolachas e o queijo.

Assim que ele saiu da sala, levantei-me da poltrona e fui até a prateleira sobre a lareira para olhar os cartões-postais expostos ali. Um em particular chamou minha atenção. Era um cartão branco, escrito com caneta-tinteiro preta e as palavras *saudade – saudade – saudade*. Eu sabia que era uma imitação de uma carta escrita por Man Ray para Lee Miller quando eles estavam tendo um caso em Paris, então virei o cartão para ver quem estava com saudade do sr. John.

Estava endereçado a mim e não a ele.

Naquela noite, liguei para Matteo em Roma e agradeci o cartão.

Ele me disse que tinha ficado muito magoado por eu não ter dito nada a respeito. Concluímos que meu vizinho, com seus olhos por demais humanos escondidos atrás dos óculos escuros, era mais um voyeur do que um espião.

Matteo falava do sr. John com tanta ternura. Eu me perguntei se os dois poderiam estar apaixonados um pelo outro. Enquanto ele falava, eu podia ouvir um anúncio de uma marca de detergente em sua televisão em Roma. Depois de um tempo, Matteo disse:

— Eu me sinto encorajado sobretudo pelo modo como ele elogia minha rota de Heathrow até seu apartamento na hora do rush.

Projeto Mortalidade 2050
A partir de *Blade Runner*

Como a mulher mais velha neste estabelecimento para os produtos vintage (fui feita em 1934), meu maior lamento é o fato de ser sábia e sã. Por favor, me dê um tempo e deixe entrar um pouco de ar fresco e louco. Sempre achei que superestimamos os sãos e que eu deveria ter sido projetada com uma cláusula de escape ocasional. Infelizmente, estou em plena posse de todas as minhas faculdades mentais. Se eu tivesse mais coragem, lançaria algumas delas no esquecimento da noite escura e veria o que acontece de manhã. Mesmo assim, é muito difícil abrir mão de todas as certezas certas. Sei que você está se agarrando firme às suas.

O pensamento mais urgente que me preocupa aqui na minha cadeira é que você pode usar contra mim meu discurso nada glamouroso, apesar do pequeno candelabro. Estou ciente de que uma residência para idosos tem sido usada com frequência como cenário para dar voz a pensamentos mais maçantes do que os meus. É véspera de Natal. Enfeites de Natal verdes foram colocados sobre as molduras de todos os quadros nas paredes, a maioria aquarelas de vacas pastando no campo. O cuidador mais jovem (ele me diz que foi feito em 1996) enrolou um cordão de fios de prata em volta dos pulsos.

Em intervalos de poucas horas me trazem chá, o porrete líquido que impede os ingleses de falarem o que pensam. Se você suspeita que minha declaração de sanidade total (com o cinto de segurança afivelado) é um truque, deixe-me dizer que isso seria incorreto. Não, seu desejo de desordenar minha mente de forma obsessiva e compulsiva e sugerir que ela foi assaltada é a maneira errada de proceder. Minha mente é bem-feita. No entanto, seria verdade notar que o espelho no qual olho com curiosidade para o que parece ser eu mesma apresenta aos meus próprios olhos um semblante mais sereno do que eu. A chama do gás está no máximo e a torrada está queimando em minha mente lúcida, apesar de ter sido montada numa época em que a tecnologia era menos avançada.

São precisamente 16h00 GMT, 17h00 na Alemanha, 11h00 em Nova York, 23h00 na China – embora eu ainda não tenha me conectado com o horário de Xangai. Durante todo o dia observei uma variedade de parentes chegando com presentes e cartões natalinos. O custo de administrar a mortalidade dos seus familiares é imenso. Não dizem isso em voz alta, mas são ouvidos ainda assim. Quem me dera ter tido forças para escapar a uma pedra na beira de um dos oceanos mais quentes da Terra a fim de absorver a luz do sol e do luar. Entendo que minha sanidade teria sido questionada se eu tivesse sido encontrada, a respiração sibilante, sob as estrelas, mas me pergunto se chá com bolo de limão é mesmo uma opção menos insana.

Esses parentes sabem onde suas chaves de casa são guardadas e se lembram de onde estacionaram o carro. Sabem qual o dia da semana e o nome de seu primeiro-ministro. Observei um gerente-sênior (feito em 1980) entre eles. Seu nome é Thomas. Vê a esposa como sua cozinheira e faxineira, e precisa de uma abundância do que ele chama de "apoio emocional" o tempo todo. Há rumores de que ela trocou o colchão deles, forrado de seda e caxemira, pelo piso de um galpão numa floresta na França. Todas as manhãs, ela pedala até uma cidade costeira próxima para pescar camarõezinhos marrons e chorar pelos anos que desperdiçou evitando os próprios desejos. Que alívio seria se ele destravasse a mandíbula e se permitisse falar livremente com a equipe (Equipe de Trabalho Temporário) sobre o bônus de Natal. Posso ajudá-lo com a primeira linha?

Vou escrevê-la agora.

Infelizmente, a enfermeira designada para me colocar na cama interrompeu meu roteiro para o discurso de Thomas. Os olhos azuis dela (feitos em 1974) são radiantes; seu capacete de cabelo castanho é sua armadura. O bom é que sua pele cheira a cebola. Seus pequenos lábios reluzentes estão vivos, como um rato-d'água. Os cílios festivos colados em suas pálpebras superiores combinam com ela. Toda vez que se aproxima de mim, meus ombros caem voluntariamente.

— Como você está hoje, Monica? — Ela se senta perto dos meus joelhos e pega minha mão.

— Sou um produto vintage, caso contrário não seria residente neste estabelecimento.

— Mas seu gato está aqui com você — ela diz, consoladora.

— De fato. Mas meu gato (feito em 2017) é jovem e tímido e não gosta que falem dele em voz alta.

A enfermeira empurra furtivamente minha fatia de limão para mais perto de seus lábios animados.

— Você era importante no ramo da navegação... é verdade, Monica?

— Fui capitã do navio comercial da minha família desde os vinte anos — respondo, revirando fundo meus dados biográficos.

— As coisas que você deve ter visto. — Ela arregala os olhos à maneira dos olhos feitos em 1974. — Quer que eu te lave antes de você se deitar?

— Por favor — faço um gesto com a mão para o papel de parede feito em 1963 –, pergunte-me se tenho medo de morrer e que tipo de acordo fiz com sanidade infinita.

— Anime-se — diz a enfermeira sã.

— Já que você perguntou — respondo –, tenho algum medo de deixar o porto para a viagem final. Não é apenas a questão de nunca mais ver uma flor se abrir ou meu gato bocejar pela última vez. Não, é o apagamento das pequenas vitórias em minha existência que me deixa relutante em zarpar. As vezes que ousei ser mais ousada do que meu criador pensava ser possível, aquelas ocasiões em que estendi meu alcance e voei mais perto da lua.

Ela acena com muita humanidade e me diz que está na hora.

— Na hora de quê?

— De descansar — ela diz. — Amanhã é o grande dia.

Tiro o cobertor azul do colo e o entrego à enfermeira enquanto levanto da cadeira meu corpo pequeno, mas feito com perfeição.

— Ah, meu Deus! Não! — ela grita, e eu me desvio da minha posição vertical e tento me abaixar até o chão. — Por favor, pare com isso — ela implora em inglês simples e direto. — Você nunca mais vai se levantar. O que está fazendo?

— Estou me ajoelhando com a National Football League of America e com Stevie Wonder. Por favor, segure minha bengala. Obrigada.

Naquela noite, conheci um anjo com olhos que mudavam imperceptivelmente de cor enquanto nos envolvíamos numa conversa silenciosa fazendo gestos estranhos e belos com as mãos.

É um amanhecer prateado. Tudo está calmo. Tudo está brilhante.

Coisas aguadas

> Medi minha vida com colheres de café
> T. S. Eliot, "A canção de amor de
> J. Alfred Prufrock" (1915)

Medi minha vida com anchovas no pão com manteiga. Tudo são risinhos enquanto como anchovas em Hackney, ah, sim, é feito um vento soprando de Capri. Medi minha vida com búzios, mexilhões, amêijoas, ostras, moluscos e caranguejos, mas não com vieiras, que são feito comer o lóbulo da orelha humana.

Medi minha vida nadando em vários rios e lagos com libélulas e humildes patos. Mas e as carpas rechonchudas se aquecendo naquele lago morno e cheio de algas em agosto de 2012? Ah, não, aquele não foi um bom mergulho. Havia uma casa de veraneio pintada de verde na beira daquele lago e um barco a remo atracado entre duas árvores submersas. Quando olho para trás, para aquele mergulho com as carpas, agora posso ver que minha vida estava prestes a mudar para sempre. Por que os móveis da casa de verão tinham sido quebrados? Por que o barco a remo estava amarrado a árvores submersas? Sei por quê. Era o fim de um tipo de vida e o começo de outro. As carpas gordas eram como as mentiras que eu contava a mim mesma para manter vivo o amor.

De todos os oceanos em que nadei (incluindo o Atlântico e o Índico), o mais inspirador é a Baía dos Anjos em Nice, a quinta maior cidade da França. Nunca vislumbrei um único peixe nem senti seu toque em meus pés naquela extensão de água, e com frequência me pergunto por quê.

Ao nadar para longe da costa naquele verão e então me virar de frente para a cidade, vi que os telhados estavam cobertos de neve. Naquele momento, decidi escrever um romance chamado *Nadando de volta para casa*, ambientado na Riviera Francesa.

No entanto, quando olho para os primeiros rascunhos desse livro, posso ver que nem tudo são risinhos entre as ondas e os ciprestes e cassinos. Fiz anotações sobre a guerra. As ambulâncias não têm combustível, os hospitais não têm água, uma criança é levada clandestinamente através de uma floresta polonesa em 1943. Chegará em segurança a Whitechapel, Londres. Essa criança agora é um homem adulto e está de férias na Riviera Francesa. O que aconteceu com sua mãe, o que aconteceu com seu pai? Ele nos diz que são visitantes noturnos, o que significa que só os encontra nos sonhos. Ele se pergunta se algum dia voltará para casa. Mas onde é sua casa?

Além disso, nesses primeiros rascunhos há uma citação de Sylvia Plath (*A redoma de vidro*), em que uma enfermeira diz a uma jovem infeliz: "Mostre-nos como fica feliz quando escreve um poema". Em *Nadando de volta para casa*, há uma jovem frágil com inteligência aguçada e longos cabelos ruivos (sua mãe é faxineira) que escreve um poema. Talvez ela esteja feliz, talvez não. Vamos encontrá-la catando pedrinhas na praia da Baía dos Anjos usando um vestido de verão; o céu está sempre azul e os telhados das casas estão acarpetados com as gaivotas que inicialmente confundi com neve.

Medi minha vida com os ouriços-do-mar que perfuraram meus pés com seus espinhos. Agora perdi o medo de ouriços-do-mar. Não sei por quê. Afinal, há outros medos que preferiria perder. Sei que eles têm que sobreviver na natureza selvagem do oceano; suas primas são as estrelas-do-mar; e eles podem crescer por séculos. Existem ouriços-do-mar quase imortais, mais velhos que as mães mortais e seus filhos mortais fugindo de guerras em barcos que às vezes afundam. A vida só vale a pena ser vivida porque esperamos que melhore e que todos cheguemos em casa com segurança. Se fôssemos medir o amor das mães por seus filhos com colheres de café, nunca haveria colheres suficientes para esse tipo de amor.

Carta para uma estranha
Para Philippa Beatrice, minha mãe

Cara estranha,

    Enquanto escrevo esta carta, minha mãe idosa está (fatalmente, talvez) doente no hospital. Tenho que tomar cuidado, porque, se ela melhorar o suficiente para ler isto, sou capaz de me sentir uma tola completa. Afinal, ela não é uma estranha, embora no momento eu não ache que minha mãe esteja no seu melhor, como diz a expressão.
    Encontrei algumas maneiras de lidar com isso.
    É uma longa caminhada para chegar à sua ala. Ando pelos corredores muito depressa, feito um soldado. Digo a mim mesma que se diminuir o ritmo é possível que dê meia-volta e saia correndo. E estabeleci uma regra: sempre devo estar muito elegante quando visito minha mãe. Então levo um tempo para vestir roupas que gosto de usar e arrumar meu cabelo, e isso me faz rir porque pareço estar indo para uma reunião importante, com muita coisa em jogo. Mas essa é uma reunião importante e há muita coisa em jogo.
    Ontem eu estava usando um vestido vermelho e botas, e fiz a habitual caminhada de soldado até a ala, clip-clop-clip. Entendo por que os exércitos praticam a arte de marchar. Ela se assemelha a um batimento cardíaco constante, mesmo que estejamos assustados e nossos corações estejam enlouquecidos. Quando entro na ala, altero o metabolismo desse ritmo, caminho de modo suave e lento.
    Sempre me sento na cama da minha mãe em vez de na pesada cadeira de visitantes que fica a alguma distância da

cama, uma mesa entre nós. Não importa o quão doente ela esteja, eu sempre lhe digo, "Chega para lá", e, embora seja fisicamente complicado (tubos presos ao seu corpo), ela faz isso, abre um espaço para mim. É o mais sutil dos movimentos. O esforço humano necessário para abrir esse espaço é imenso. Às vezes são apenas dois centímetros, mas para mim ele é tão vasto quanto um céu noturno abarrotado de estrelas.

Comprei um rádio e uns fones de ouvido para ela e comecei a conectá-los. Os fones eram enormes, do tamanho de dois gatinhos pretos. Coloquei-os no seu crânio enquanto sintonizava o rádio num programa de que achei que ela iria gostar. Enquanto ela escutava, sentei-me no espaço que ela havia aberto para mim e passei um pouco de hidratante em seus lábios, que ficam secos no hospital.

De vez em quando ela erguia a mão para tocar o tecido vermelho do meu vestido. Depois de um tempo, disse, "Os corvos têm cérebros tão grandes quanto os dos gorilas. Conseguem reconhecer pessoas, têm memória".

Eu sabia que essa informação era do programa que ela estava escutando. Senti-me feliz por ela ter ficado surpresa. Eu também não sabia daquilo sobre os corvos. Depois de um tempo, deixei-a e fui levar minha filha adolescente para seu almoço favorito – frango jamaicano com arroz e ervilhas. Isso foi num domingo. Não foi o melhor nem o pior dia. Esta não é uma carta de afirmação da vida, é apenas sobre alguns momentos numa situação ruim.

Não tenho uma posição moral sobre a felicidade. Temos que encontrar nosso próprio objetivo na vida, mesmo que seja aprender algo novo sobre corvos. De qualquer forma, daria qualquer coisa para ouvir minha mãe me falar outra vez sobre o prazer dos pimentões-vermelhos e das anchovas e ouvi-la rir alto (ou baixinho) – e que fosse genuíno.

X = Liberdade
Para Meret Oppenheim (1913-1985)

Torne-se uma artista, Meret
Por que não faz isso?
Ninguém vai te dar a liberdade
Você tem que conquistá-la

Foi o que você disse

Temos mesmo que conquistá-la
Eu conquisto mesmo
Estou escrevendo para você do meu hotel em Berlim
Em turnê de promoção de um livro, longe de casa

E agora estou em Hamburgo
Onde cai uma chuva suave
Sobre a barraca que vende pretzels
Pães e palitinhos
Macios e duros

Temos que olhar para fora
Para a vista
E para dentro a fim de encontrar um ponto de vista

Todos os dias
Em todos os séculos

É uma visão ampla

O que posso ver agora neste café
No terraço de um prédio em Barcelona?
De pé no domo de uma igreja
Uma estátua de mármore da Mãe de Jesus
Olhos baixos
Buenos días, Mary

Torne-se uma artista, Meret
Você tem dezoito anos agora
É 1932
Por que não vai morar em Paris?
Alugue um quarto no Hotel Odessa em Montparnasse
Odessa fica na Ucrânia, na costa noroeste do Mar Negro
O porto de grãos do mundo

Você escreve cartas para casa:
Mãe, por favor, me mande um travesseiro e lençóis
E dinheiro
Você bebe absinto e faz doze desenhos
Faz uma escultura da orelha de Giacometti
De marzipã
Uma pasta de amêndoas, açúcar, mel

(Você era extremamente suíça
em suas lealdades, isso foi notado)

Mais tarde, vai fundir a orelha em bronze

Você anda na beirada de prédios altos em Paris
Talvez seja um desejo de morte para Jung refletir em
    sua residência suíça
Ou a caminhada perigosa seja apenas pela vista

Por um ponto de vista
Você ergue sua escultura da orelha de Giacometti para
  o céu francês

Très chère, Meret
Posso te ouvir
A orelha recolhe ondas sonoras
Através de todo o tempo

As maçãs, as laranjas e as cebolas de Cézanne
O vinho, o ópio e o haxixe de Baudelaire
As brigas e as lágrimas de Rimbaud

Você é leal à ideia de que os sonhos e a realidade
Vêm do mesmo inconsciente

Estou escutando, Meret

Você não quer ser uma artista mulher
Você quer ser uma artista
Você vai lutar com isso
Como todas fazemos
Como eu faço

"As mulheres não são deusas, nem fadas, nem esfinges
Tudo isso são projeções dos homens", você diz.
Estou escutando aqui em Barcelona

Você é uma xícara e é uma fera
É uma mesa e é um pássaro
É um salto alto branco e é carne

Está dizendo (não com essas palavras)
A imaginação não é ele ou ela
Está dizendo
Deixe-me em paz

Tire suas mãos de mim
Vou criar a mim mesma

Está dizendo

Uma luva tem veias pulsantes
Pensamentos residem como abelhas numa colmeia
Uma bota é um amante: amarrada, desamarrada
Faz coisas proibidas na noite
Aqui está meu olhar
É assim que eu olho
É para isso que estou olhando
Entenda como quiser

E o que foi feito disso?
Meret?

Você diz que sua voz será afogada em pelos
Uma gazela arrancou sua língua

Depois que você retornar a Basileia em 1936
Não vão exibir seu trabalho
Por dezoito anos
Acontece que você é uma artista mulher, afinal

E a beleza?
Uma beleza imensa como a sua

Alta e magra para a câmera de Man Ray
E o amor?
O desejo?

Max Ernst te descreveu:
"Aquela mulher é um sanduíche recheado com mármore.
É preciso ter cuidado para não quebrar os dentes
Ao mordê-la."
Estou rindo com as azeitonas da Andaluzia
Bien sûr, Meret
Você não poderia ser a sombra
De um artista famoso
Vinte anos mais velho do que você
Entendo

Não é um entendimento fácil
É duro feito mármore

Sei disso
Vivi isso

A liberdade é dura feito mármore

Sua *Mulher de pedra* (1938)
Um corpo feminino meio dentro/meio fora d'água
Só os pés são de carne

Às vezes vivemos assim
Duro macio
Líquido sólido
Você sabe disso
Não nascemos mulheres, tornamo-nos mulheres

Não nascemos do mármore
Tornamo-nos mármore

Bom dia, Maria

Bom dia, Leonora, Lee, Dorothea, Claude, Dora
Remedios, Louise, Leonor, Valentine
Bom dia, Lois Mailou Jones em seu estúdio em Paris

Aqui no café do terraço em Barcelona
Duas pessoas sussurram no canto
Fazer sexo é como matar alguém, eles concordam
Querem dizer fisicamente
Filosoficamente
Ou é um assassinato existencial?
Quero saber

Meret, acho que você também estaria interessada
Vamos derreter raclette sobre batatas?
Vamos fumar um cigarro?
Vamos quebrar avelãs e ir direto ao assunto?

É difícil encontrar uma forma para a liberdade
Profunda, leve, instável, eterna
Mutável, crua, escorregadia, solitária

Estou escutando, Meret.

Sedução e traição

Elizabeth Hardwick é uma das ensaístas e críticas literárias mais valiosas do mundo. Ou seja, esses ensaios são valiosos para qualquer pessoa interessada nas formas como as mulheres são apresentadas na literatura. Em *Seduction and Betrayal*, os leitores são presenteados com todo o alcance da inteligência profunda de Hardwick, uma inteligência afiada, brilhante, sofisticada e perspicaz. Ela entende o que está em jogo na literatura, sobretudo quando escrita por mulheres talentosas.

Para uma escritora, arriscar pisar no centro do palco, na vida e na página, sempre há de significar que ela transgrediu o papel sancionado pela sociedade: o de ser uma coadjuvante, espreitando atrás das cortinas de veludo (menos exposição) para assistir, enaltecer, dedicar sua vida ao mundo masculino e seus mecanismos de subjugação. Hardwick não tem interesse em bajulação nem em falsa solidariedade com escritoras. Vai direto ao assunto, oferece aos seus gratos leitores novas dimensões de como a literatura é feita e quanto custa fazê-la. Hardwick é uma leitora de surpreendente astúcia, mas nunca deixa a teoria literária atrapalhar as correntes da vida que sopram na própria escrita. Suas frases têm uma beleza subversiva por esse exato motivo.

Numa entrevista para a *Paris Review* (número 87), Hardwick faz questão de salientar que não escreve ensaios "para resumir enredos". Sobre a ação de ler em si, ela tem o seguinte a dizer:

> Você começa a ver todo tipo de coisa não inteiramente expressa, a fazer conexões, às vezes a perceber que descobriu ou sentiu certas coisas das quais o autor talvez não tenha tido plena consciência. É uma espécie de leitura criativa ou "possuída", e é por isso que acho que até mesmo os críticos mais técnicos fazem o mesmo, à sua maneira, chegando a descobertas bastante misteriosas. Mas, como eu disse, o texto vem sempre em primeiro lugar. É ele que tem, naturalmente, o verdadeiro domínio sobre você.

O ensaio de Hardwick sobre as irmãs Brontë é revigorante, ainda contemporâneo em sua análise do que é preciso para as mulheres assumirem seu talento sem ferir os sentimentos dos homens em suas vidas. Ela é o tipo de crítica que acha importante nos dizer que o reverendo pai delas foi um escritor fracassado e que as irmãs Brontë mantiveram a notícia do próprio sucesso literário em segredo de seu irmão. Por quê?

Não queriam esfregar o nariz de Branwell em seu próprio fracasso como artista.

Ela cita as cartas de Charlotte: "Meu infeliz irmão nunca soube o que suas irmãs tinham feito na literatura – nunca soube que elas haviam publicado nem sequer uma linha. Não podíamos lhe falar dos nossos esforços por medo de causar uma pontada demasiado profunda de remorso por seu próprio tempo malgasto e seus talentos mal-empregados". O que seria necessário para que Branwell de fato tivesse parabenizado as irmãs que cuidavam dele? Eis o que diz Hardwick sobre o assunto: "Só por acaso sabemos de pessoas como Branwell, que pareciam destinadas às artes, incapazes de se dedicar a qualquer outra coisa, e que ainda assim não têm talento, tenacidade ou disciplina para fazer qualquer tipo de esforço criativo continuado".

Talvez seja necessária uma escritora estadunidense para sacudir um pouco da poeira que recobre a indústria do legado das Brontë, para olhar sem sentimentalismo, mas com total admiração, o modo como mulheres feito as Brontë prevaleceram apesar das estruturas patriarcais que as oprimiam, esmagavam suas esperanças de independência, as retinham, encurtavam suas vidas. Hardwick, nascida em Kentucky, muito longe das charnecas selvagens de Yorkshire como reimaginadas por Emily Brontë, escreve: "*O morro dos ventos uivantes* tem um brilho e uma originalidade constantes que mal sabemos explicar". Mas Hardwick explica: ela nos dá uma nova visão desse romance de estranho brilhantismo, e não está interessada nas toucas ou no comprimento das saias das irmãs Brontë. "Elas são mulheres muito sérias, feridas, desejosas, conscientes de todo o romantismo da literatura e de sua própria fragilidade e sofrimento. Levavam a sério o caráter ameaçador da vida real."

No entanto, como destaca, se elas eram quietas e reprimidas na vida, "seus leitores estavam de imediato cientes de uma perturbadora corrente subterrânea de fantasia sexual. Solidão e melancolia pareciam alternar-se em seus sentimentos com energia e ambição incomuns".

Quando se trata de Charlotte Brontë, Hardwick vai ao cerne da questão, e vai fundo. Desconcerta com a verdade, que corre como sangue em cada frase.

Como viver sem amor, sem segurança? Poucas outras mulheres vitorianas pensaram tanto sobre isso quanto Charlotte Brontë. As grandes e evidentes falhas na construção das histórias – esposas loucas no sótão, estranhas aparições na Bélgica – são uma representação da vida que ela não podia encarar; esses subterfúgios góticos representam a mente à beira do colapso, frenética em busca de uma saída. Se as falhas forem atribuídas apenas à prática da ficção popular da época, então não podemos explicar a grande quantidade de sentimento genuíno que é investido nelas. Representam os desejos ocultos de uma vida intolerável.

Se Hardwick eleva Emily como a irmã que é o gênio literário, termina com este pensamento sobre todas as suas vidas: "Ficamos surpresos com o que elas *não* conseguiam suportar".

O ensaio intitulado "Amateurs" inverte o problema de Branwell e analisa a vida de Dorothy Wordsworth, uma vida devotada e dedicada ao seu irmão muito mais talentoso. Talvez Branwell tenha se saído melhor do que a virtuosa Dorothy ao ficar bêbado de cair, circular animado pela cidade e se tornar impotente o bastante para solicitar os cuidados de suas irmãs. Hardwick vê essa irmã, abjeta e controladora, como semelhante a uma heroína num romance das Brontë. "Sempre houve algo peculiar em Dorothy Wordsworth; falam dela como tendo 'um brilho selvagem nos olhos'."

Mas Dorothy Wordsworth não é uma personagem de um romance. Num comentário espirituoso, Hardwick nos conta que Dorothy "vive plenamente" a vida de Wordsworth. Isso tem um custo. Quando ela está com quase sessenta anos, enlouquece. No entanto, na visão de Hardwick, "ela é sempre um pouco louca, e não há nada em que isso se manifeste mais do que em sua devoção fanática ao irmão".

Os britânicos jamais gostaram muito de seus vanguardistas, infelizmente, e talvez Hardwick sinta o mesmo. Ela desdenha do estilo de vida de Bloomsbury e seus associados. "Os arranjos de Bloomsbury, sustentados por fortes toras de autoestima, são insulares ao extremo." Ela se diverte e fica confusa com a maneira como eles evitam a monogamia e trocam de parceiros sexuais. Tenho certeza de que Dora Russell teria gostado da piada de Hardwick sobre seu impetuoso marido filósofo: "Até Bertrand Russell surpreende com suas cópulas sem paixão, sua maestria no esquecimento, seu deslizar para dentro e para fora de relacionamentos e casamentos como se fossem calças".

Ainda assim, não consigo entender como Vanessa Bell poderia ter tido filhos e conseguido pintar todos os dias se tivesse vivido dentro das restrições patriarcais de seu tempo. E eu jamais concordaria com Hardwick sobre o valor da literatura de Virginia Woolf: "O esteticismo de Bloomsbury, 'a androginia', se preferirem, está na raiz da estreiteza de Virginia Woolf. Aprisiona-a numa feminilidade, ao menos como escritora, em vez de agir como forma de reunir o masculino e o feminino num todo". Não sou obrigada a concordar, e de fato não concordo, mas aprecio a provocação.

O ensaio sobre Sylvia Plath é devastador, como deveria ser. Os poemas de *Ariel* são devastadores.

Não consigo entender por que um crítico sério, alguém cujos pensamentos eu valorizaria, poderia oferecer um tom altivo, zombeteiro e descompromissado para escrever sobre esses poemas. Não, Hardwick enfrenta a tarefa devastadora, como sabia que deveria. Diz-nos que Plath tem a "raridade de jamais ser, pelo menos em seu trabalho, uma 'pessoa legal'". A maestria luminosa de Plath como poeta, na época em que escreveu *Ariel*, é descrita por Hardwick deste modo: "Nos últimos enregelantes meses de sua vida, ela foi visitada, como uma estigmatizada à espera, por uma criatividade quase alucinante – os poemas surpreendentes de *Ariel* e de um volume posterior chamado *Winter Trees*". Quando Plath morreu, "ela estava sozinha, exausta por causa da escrita, muito infeliz – mas também triunfante, realizada, definida e desafiadora".

O mesmo não pode ser dito da tentativa de Zelda Fitzgerald de escrever e viver de modo significativo. Ela começou a ter aulas de balé mais tarde em seu casamento. Quando ficou mentalmente frágil, foi proibida de dançar e de escrever, as duas atividades que a faziam sentir-se bem. Hardwick vê a vida de Zelda como "enterrada sob o chão, coberta pelas violetas desesperadas das memórias de Scott Fitzgerald". Essas flores doces, enjoativas e metafóricas eram um disfarce para tudo o que não podia ser dito – talvez tudo o que Zelda estivesse proibida de dizer.

Seduction and Betrayal interroga como a linguagem é construída diante da força total das vicissitudes da vida – pobreza, perda, loucura, desafio. Hardwick cria novos enredos a partir de enredos antigos e sempre tem algo instigante para trazer à discussão. O presente de sua atenção é suficiente para fazer qualquer um querer escrever de modo magnífico.

Limões na minha mesa

Muitas vezes me ocorreu que os ovos e limões na minha cozinha são as coisas mais bonitas em minha casa. Não vejo razão para escondê-los na geladeira e, em vez disso, coloco-os no centro do palco, numa tigela na minha mesa de jantar. São esculturas, cada uma delas única, apesar de sua semelhança em forma e cor. Os ovos têm o estranho fascínio adicional de serem uma obra de arte feita dentro do corpo de uma galinha. Freud, que não gostava de comer galinhas, aparentemente gritou certa vez, "Deixem as galinhas viverem e botarem ovos". Concordo, embora admita que nem sempre ouço Freud e às vezes asso uma galinha, em geral com um limão dentro.

É inspirador olhar para uma tigela de limões ensolarados com sua paleta surpreendente de amarelos numa manhã fria de inverno britânico. Tive a sorte de passar verões caminhando montanha abaixo até uma praia em Maiorca, atravessando pomares de limoeiros que terminavam no mar. No final do verão, muitos limões já tinham caído no chão e estavam espalhados debaixo das árvores. Penso com frequência nessa caminhada quando compro um limão miserável na mercearia do bairro em Londres, em fevereiro. Tremendo na chuva, sei que o limão (e eu) preferiríamos estar naquele pomar, e que ambos somos migrantes.

Quando cheguei à Inglaterra vindo da África, aos nove anos, minha nova melhor amiga trouxe para a escola sanduíches de creme de limão. Eu nunca tinha ouvido falar de uma coisa tão exótica quanto creme de limão. O pão era branco e macio, com uma fina faixa da pasta amarela e doce quase invisível entre as fatias. Minha amiga vinha de uma família cristã religiosa e sempre rezava antes de comer seu almoço. Por um tempo, associei o creme de limão a uma força espiritual superior, como se fosse uma substância de algum modo entrelaçada a Deus.

No Natal, minhas filhas espetam cravos nos limões e decoramos a mesa com eles para a ceia. Na adolescência, elas espremiam suco de limão no cabelo, acreditando que isso "destacaria os reflexos". Não tenho certeza de que destacava, mas o suco era juvenil, feito elas. Ficavam animadas ao pensar que seu cabelo poderia desenvolver novas dimensões desconhecidas, da mesma forma como eu sempre ficava animada ao ver de que modo as fotografias iriam se revelar nos quartos escuros da minha geração. O sabor e a fragrância da casca de limão têm um espírito completamente diferente do seu suco: o óleo na casca, em especial quando usado como "*twist*" para um martíni seco, é intenso, profundo, extravagante, sereno, enquanto o suco é talvez um tanto neurótico.

Estou olhando para a tigela de limões sem cera na minha mesa agora. A cera é usada para preservar o frescor da casca e protegê-los durante o transporte, mas como eu uso sobretudo as raspas, esses são os limões da minha escolha. Dada a beleza de sua forma, não me surpreende que historicamente tenham sido musas e modelos para muitos artistas famosos. Às vezes, um limão teve que tirar a casca ao posar para uma natureza-morta, mas é mais comum vê-lo descansando num prato, feliz em sua própria pele.

Hope Mirrlees
Paris: um poema

...atrás das muralhas do Louvre

Freud dragou o rio e, no rosto um sorriso horrível, acena com seu lixo num clarão de eletricidade.
Táxis,
Táxis,
Táxis,
Eles gemem, gritam e guincham

Se o modernismo foi a linguagem que iluminou o início do século XX, parece-me que Hope Mirrlees, aos 26 anos, penetrou naquela luz e acionou um interruptor todo seu. Em 1919, quando começou a escrever a aventura polifônica envolvente de um dia e uma noite caminhando pela Paris do pós-guerra logo após o armistício, é possível que Mirrlees, ao encontrar uma forma para as múltiplas impressões que vieram a se tornar *Paris: A Poem*, pudesse ter chegado a se surpreender com a própria audácia. É também um valioso documento histórico de uma cidade europeia assombrada pelos espectros dos mortos da guerra enquanto os vivos enlutados seguem com os afazeres do dia a dia.

Não é de se admirar que Virginia e Leonard Woolf, fundadores em conjunto da Hogarth Press, estivessem ansiosos para publicar *Paris: A Poem* em 1920. Virginia

Woolf chegou a costurar à mão os 175 exemplares que eles imprimiram em sua casa na Inglaterra. É empolgante pensar no esforço que deve ter sido necessário para compor visualmente e imprimir os efeitos tipográficos e as quebras de linha itinerantes – é como se o próprio poema estivesse passeando pelas manifestações do Primeiro de Maio e dos cantores de rua, parando para notar um botão vermelho na lapela do casaco de um cavalheiro em Gambetta, depois passando a olhar para estátuas de ninfas com "bocas suaves". Virginia Woolf deve ter gostado desse toque de vida cosmopolita enquanto sua impressora (comprada de segunda mão em 1917 por £41) produzia as páginas do poema de Mirrlees em sua casa em Richmond, depois em Surrey – locais que não eram famosos por uma sensibilidade vanguardista.

> O céu é damasco;
> Contra ele passam
> Pela Pont Solférino
> Fiacres e pessoinhas todas de preto

Poderíamos nos demorar um pouco imaginando o momento dessa publicação na Hogarth House, na Grã-Bretanha do pós-guerra. Talvez os estorninhos estivessem cantando na névoa inglesa, vegetais estivessem sendo fervidos até a morte na cozinha, enquanto noutra sala Mirrlees trazia notícias das "mocinhas" lésbicas das boates, dos anúncios de Dubonnet no metrô, de papéis de cigarro e graxa para sapato – ao mesmo tempo, o Sena, "velho egoísta", está seguindo seu caminho para o mar, e os fantasmas dos mortos se misturam às crianças nos cavalinhos dos carrosséis.

Posso ver Virginia sendo chamada à mesa enquanto a chuva goteja no jardim, presa (como ela via) na sonolenta Richmond, tentando não enlouquecer de novo (raiva do patriarcado que se recusou a lhe dar uma educação), olhando para estas palavras:

> É agradável sentar-se nos Grands Boulevards –
> Eles cheiram a
> *Cloacæ*
> Borracha quente
> *Poudre de riz*
> Tabaco argelino

É possível que Mirrlees tenha sido influenciada pela poesia concreta de Apollinaire (ela talvez tenha lido seus *Calligrammes* de 1918) e nunca mais, em seus outros escritos, atingiria o mesmo nível de bravata linguística que alcançou naquela longa caminhada em 1919. Se essa é minha opinião, pode ser contestada, e é assim que deve ser. No entanto, acredito que isso só dá mais charme a *Paris*. Quando Baudelaire e Rimbaud flanaram pela mesma cidade, tinham, do ponto de vista social, condições de perambular no espaço público e observar a vida metropolitana com mais facilidade e direito do que Mirrlees – afinal, as mulheres que andavam pela rua eram, aparentemente, prostitutas, e não poetas. Nascida em Kent, criada na Escócia, educada em Londres, mas agora morando em Paris com sua parceira, a classicista Jane Harrison, Mirrlees teve que encontrar uma forma de evocar a experiência simultânea do modo como o cubismo havia criado uma linguagem visual para capturar múltiplos pontos de vista. Às vezes, ela desacelera tudo e pinta o clima da cidade em três linhas curtas e simples:

A lua perversa de abril
O silêncio da *grève*
Chuva

Como a escritora Francesca Wade aponta em *Square Haunting* (2020) – sua magnífica história literária de cinco mulheres extraordinárias que viveram em Londres entre as guerras (na qual encontramos Hope Mirrlees, Virginia Woolf e Jane Harrison, todas buscando um modo de vida que lhes permita escrever e amar livremente) –, os britânicos jamais gostaram muito do modernismo. Quando as obras de Matisse, Van Gogh, Gauguin e Cézanne foram exibidas em Londres em 1910, Wade nos conta como Virginia Woolf registrou a maneira como elas lançaram os críticos em "paroxismos de raiva e riso". Dez anos depois, quando o poema de Mirrlees foi publicado, essa atmosfera de conservadorismo cultural ainda prevalecia. Se não houve muitos leitores para sua fase inicial e única de escrita modernista de mulheres, certamente ela abriu caminho para *A terra devastada*, de T. S. Eliot, obra publicada em 1922.

Meu desejo para essa Mirrlees de 26 anos é que ela tivesse sido encorajada a voar mais alto e prosseguir com algumas das inovações que começara a manifestar em *Paris: A Poem*.

Introdução a *As inseparáveis*, de Simone de Beauvoir

(traduzido ao inglês por Lauren Elkin)

Em cada década da minha vida, desde os vinte anos, fiquei impressionada, confusa, intrigada e inspirada pela tentativa de Beauvoir de viver com significado, prazer e propósito. "Ser amada, ser admirada, ser necessária; ser alguém", ela insistiu em sua autobiografia *Memórias de uma moça bem-comportada*. O ato de escrever o que agora foi intitulado *As inseparáveis* não pode ser separado desse esforço épico. É uma parte valiosa da longa conversa que muitos livros de Beauvoir iniciaram com leitores antigos e novos.

Depois que ela ganhou o Prêmio Goncourt pelo imenso alcance de *Os mandarins*, posso ver que deve ter sido atraente para Beauvoir escrever uma novela íntima. *As inseparáveis* retorna mais uma vez à sua amizade (desde os nove anos) com Élisabeth Lacoin, apelidada de Zaza. Os leitores de Beauvoir sabem que essa amizade a assombrava havia muito não apenas em seus livros, mas em seus sonhos.

Na minha opinião, ela nunca conseguiu colocar o espectro de Zaza por escrito de forma totalmente convincente, e é por isso que continuava voltando a tentar capturá-la na página. Talvez porque seu próprio desejo feroz de que Lacoin/Zaza por fim arriscasse reivindicar a vida que merecia fosse mais forte do que o próprio desejo de Zaza de arriscar tudo o que perderia ao fazê-lo: Deus, sua família, a respeitabilidade burguesa.

Considerando-se que a infância é o começo de tudo o que sentimos de modo mais profundo, não surpreende que os fortes sentimentos de Beauvoir por Élisabeth Lacoin e as esperanças que nutria por ela também tenham sido o começo de sua educação política.

Na época em que estudavam juntas, as mulheres não podiam votar, eram coagidas a se casar e socialmente encorajadas a aceitar uma existência que envolvia sobretudo atender às necessidades de seus futuros maridos e filhos.

Então que tipo de garota era Élisabeth Lacoin? Seu avatar em *As inseparáveis* se chama Andrée, Beauvoir é Sylvie.

Em seu primeiro encontro numa escola católica particular com Sylvie, a nova aluna Andrée anuncia que foi "queimada viva" enquanto cozinhava batatas numa fogueira. Seu vestido pegou fogo e sua coxa direita foi "grelhada até o osso". O tom ousado e brincalhão de Andrée é capturado com perfeição na tradução de Lauren Elkin do francês. Elkin consegue transmitir com habilidade, em prosa simples, a sensibilidade sedutora de Andrée e as formas como Sylvie é arrebatada por sua maneira direta: sua confiança, suas cambalhotas, seu talento para a literatura, para o violino, para andar a cavalo, para imitar professores. Sylvie está entediada e intelectualmente solitária; então conhecer essa garota inteligente, devota, mas irreverente, muda sua vida. Sylvie nos diz: "Nada tão interessante jamais havia acontecido comigo. De súbito, eu tinha a impressão de que nada em absoluto jamais havia acontecido comigo".

Andrée tende a dizer coisas trágicas de uma forma que deliberadamente não convida à simpatia. É um truque narrativo inteligente da parte de Beauvoir. Significa que Sylvie pode se encarregar de todo o sentimento por Andrée.

Ela observa que sua nova amiga não fala com os professores de forma humilde nem é descortês. Na verdade, diz à professora que não se sente intimidada por ela. Por que isso? Não é porque está acima de qualquer intimidação, mas apenas porque a professora não é intimidadora.

Há muita coisa que a sociedade lançará em Andrée para intimidá-la e esmagá-la, incluindo, sobretudo, a religião e seu desejo de não decepcionar sua mãe controladora e conservadora. E, para tornar a vida tão complicada quanto de fato é – o que os romancistas devem fazer –, Andrée ama sua mãe. Sylvie pode ver, enciumada, que todos os outros apegos não são tão importantes para sua amiga. Como pode competir com esse vínculo maternal, até mesmo usurpá-lo?

Quando Sylvie, que odeia bordar, faz um grande esforço para costurar uma bolsa de seda para Andrée como presente de seu décimo terceiro aniversário, de repente se dá conta de que a mãe de sua amiga, madame Gallard, não gosta mais dela. Beauvoir sugere que essa mãe entende que a costura da bolsa de seda foi um trabalho movido pelo amor e desaprova esses fortes sentimentos por sua filha.

Sylvie se apaixona pela mente de Andrée. Obviamente, seu comportamento e sua vivacidade tornam seu corpo atraente também. No entanto, esse tipo de amor cerebral é subversivo, porque, para a geração de Beauvoir (ela nasceu em 1908), a mente de meninas e mulheres não era o que as tornava valiosas. As meninas têm longas conversas juntas. Continuam falando ao longo de doze anos.

"Tínhamos discussões infinitas sobre a justiça, a igualdade, a propriedade. Acerca dessas questões, a opinião daquelas senhoritas [professoras] não valia nada, e nossos pais tinham ideias que já não nos satisfaziam."

A cura pela fala entre Andrée e Sylvie é nada menos do que uma revolução numa época em que meninas e mulheres eram encorajadas a se calar sobre os próprios pensamentos. "No catecismo, nos ensinam que devemos respeitar nosso corpo: então vender-se no casamento deve ser tão ruim quanto vender-se na rua", Andrée diz.

O enigma da amizade feminina tão intensa quanto um caso de amor, mas não expressada de forma sexual nem particularmente reprimida, é sempre um assunto interessante. No entanto, enquanto Sylvie, que agora é uma adolescente, ouve Andrée falar de sua paixão pelo primo – ela começou a beijá-lo e agora fuma Gauloises –, ela também assume sua turbulência emocional.

"De súbito compreendi, com estupor e alegria, que o vazio do meu coração e o gosto insípido dos meus dias só tinham uma causa: a ausência de Andrée. Viver sem ela não era mais viver."

Sylvie é de uma adorável vulnerabilidade, porque corre o risco de amar Andrée – e, claro, qualquer tipo de amor envolve uma boa dose de fantasia, projeção, imaginação. O sujeito idealizado de sua afeição não retribui a força de seus sentimentos, nem ela acredita ser digna de amor. Enquanto isso, a irmã mais velha de Andrée, Malou, está sendo preparada para o casamento com pretendentes masculinos "burros e feios".

A mensagem de madame Gallard às suas filhas é clara: "Entrar para o convento ou se casar: permanecer solteira não é uma vocação".

O que acho mais tocante em *As inseparáveis* é a descrição de Sylvie perdendo a fé. Em várias entrevistas, Beauvoir descreveu a experiência de repentinamente não acreditar em Deus como "uma espécie de tomada de consciência". A literatura acabaria ocupando o lugar da religião em sua vida e preencheria o vazio de um Deus evaporado.

Quando Sylvie tem catorze anos, percebe, durante a confissão com o padre da escola, que seu relacionamento com Deus está mudando. "Não acredito em Deus!, eu disse a mim mesma. Fiquei por um momento atordoada com essa obviedade: eu não acreditava."

O padre percebe esse novo humor e a repreende.

"'Disseram-me que minha pequena Sylvie já não é mais a mesma de antes', disse a voz. 'Parece que se tornou dispersa, desobediente, insolente.'"

Em vez de se desculpar, Sylvie se torna rebelde. Com sua sagacidade cáustica, Beauvoir nos conta que Sylvie ficou mais abalada com sua nova falta de respeito por esse padre do que com o homem que recentemente se exibira para ela no metrô.

Andrée faz uma pergunta importante a Sylvie.

"– Se você não acredita em Deus, como pode suportar viver?"

Sylvie responde:

"– Mas eu adoro viver."

Será que Andrée adora viver? Sabemos que ela quase foi queimada viva quando era menina. Na casa de campo de sua família, à qual Sylvie é convidada, Andrée se empurra tão perigosamente alto num balanço que Sylvie teme que caia. Pergunta-se, ansiosa, se "algo tinha se quebrado dentro da mente dela e ela não conseguia parar".

Quando está outra vez em disputa com sua mãe opressiva e deseja sair de um tedioso compromisso familiar, Andrée faz um ferimento profundo no pé com um machado enquanto corta lenha.

"De repente, alguém gritou. A voz era de Andrée. Corri até o galpão. Madame Gallard se debruçava sobre ela; Andrée estava deitada na serragem, o pé sangrando; a lâmina do machado estava suja de vermelho."

Quando Andrée abre os olhos, diz, "O machado escapuliu de mim!".

No conto de fadas "Os sapatos vermelhos", de Hans Christian Andersen, a protagonista usa um adorado par de sapatos vermelhos para ir à igreja. Dizem-lhe que é inapropriado fazer isso, mas ela não consegue resistir. Para curar sua vaidade, lançam um feitiço de acordo com o qual não só ela nunca mais pode tirar seus sapatos vermelhos como está condenada a dançar sem parar com eles, para sempre. Em algum momento ela encontra um carrasco e lhe pede para cortar seus pés. Ele obedece, mas os pés amputados continuam a dançar por conta própria. Para citar Beauvoir, é como se "algo tivesse se quebrado dentro da mente dela e ela não conseguisse parar". Será que Andrée é sua própria carrasca?

Ela precisa usar o machado para se separar da mãe, mas em vez disso volta-o contra si mesma. Essa cena é um prelúdio para o que Beauvoir viu como a execução de Andrée Gallard pela sociedade.

Quando estão estudando juntas para seus exames na Sorbonne, Andrée começa um romance com um colega, Pascal Blondel, o avatar do extraordinário fenomenólogo Maurice Merleau-Ponty. Esse relacionamento é condenado pelos pais dela, que estão ansiosos para casar a filha inteligente. Quando Sylvie e Andrée se encontram para tomar chá e discutir esse romance proibido (e casto), Sylvie observa: "Ao meu redor, mulheres perfumadas comiam bolo e falavam sobre o custo de vida. Andrée estava fadada, desde o nascimento, a se juntar a elas. Mas não se parecia em nada com elas".

Andrée não se junta a elas. Em vez disso, morre de meningite, com o coração partido e derrotada. Beauvoir viu sua morte como nada menos que um assassinato. No funeral, enquanto madame Gallard soluça e seu marido diz, "Fomos apenas instrumentos nas mãos de Deus", Sylvie coloca três rosas-vermelhas entre as rosas-brancas empilhadas em seu caixão, vermelhas como o sangue que escorria do machado. Se ela sempre achara secretamente que "Andrée era um daqueles prodígios sobre os quais, mais tarde, livros seriam escritos", estava certa.

Simone de Beauvoir escreveria.

Paula Rego
Ela não quer

Os desejos e apetites das meninas e mulheres sedutoras no centro das narrativas visuais de Rego devolvem às suas protagonistas, de forma radical, o mistério e a subjetividade. Isso não é pouca coisa. É uma das muitas razões pelas quais o alcance emocional e imaginativo da surpreendente linguagem visual de Rego tem tanta vitalidade e ressonância contemporânea. Se alguns de seus temas recorrentes são a infância, o amadurecimento, os enredamentos familiares, o encantamento, a sedução, a traição, a submissão e a metamorfose, eles em geral se desenrolam em espaços interiores domésticos intensificados. O mobiliário é tão animado e psicologicamente carregado quanto suas protagonistas.

É uma maravilha pensar na glamourosa jovem artista, Maria Paula Figueiroa Rego, nascida em Lisboa em 1935, trabalhando sob o céu cinza da Inglaterra na Slade School, na Bloomsbury dos anos 1950. Embora tivesse sido em parte educada na Grã-Bretanha e encorajada a ser artista por seu pai anglófilo e antifascista, o que ela faria com tudo o que já estava depositado dentro dela, desde a infância até a adolescência em Portugal? Poesia, canções, folclore, toda uma outra paleta e um outro idioma, mas, de modo mais significativo, a violência da repressiva ditadura de direita de Salazar.

Em certo sentido, toda a arte de Rego ao longo das décadas discutiu de modo oblíquo ou aberto o lema que representava os valores do regime militar autoritário de Salazar: *Deus, Pátria e Família*. Se as meninas e mulheres eram idealizadas como virgens, esposas e mães servindo a Deus, à Pátria e à Família, Rego tinha outras histórias para contar (em tinta, pastel, colagem e escultura) sobre nosso propósito na vida. Histórias mágicas, desconcertantes, furiosas, nas quais uma tarefa cotidiana, como engraxar uma bota, poderia parecer ao mesmo tempo comovente e sinistra.

É raro haver um significado fixo em qualquer imagem. A habilidade de Rego é sugerir um momento de mudança ou contemplação, ou oferecer narrativas simultâneas para fraturar o tempo. Isso pode ser visto nas múltiplas histórias da série *Misericordia* (2001), inspiradas nos escritos do romancista espanhol do século XIX Benito Pérez Galdós. Seu olhar sobre o corpo feminino em todas as fases da vida é de brutal veracidade e terno afeto – no caso, as velhas de bunda nua recebendo ajuda para ir ao banheiro ou se vestir, com o detalhe de uma bolsa elegante (talvez uma vida inteira abandonada ali dentro) descansando trágica num armário.

Rego sugeriu que criar arte é libertar o desejo e todas as suas consequências. "Tudo é erótico porque o trabalho em si é erótico", ela comentou. "Fazer um trabalho, ou seja, desenhar, é uma atividade erótica." Ela é particularmente astuta sobre a lenda da meninice e sua carga erótica.

Se algumas de nós somos desagradáveis e algumas de nós somos legais, na maioria das vezes somos uma mistura das duas coisas, como em *Sophia's Friends* (2017). As belas cores dos pasteis contrastam com as vidas ferozes, secretas e interiores dessas três garotas, enquanto as relações de poder entre elas são inflamadas com o humor irônico de Rego. O braço da garota menor, de vestido branco, está sendo agarrado pela garota mais velha, travessa e sádica, que olha para nós com cautela, como se tivesse sido flagrada maltratando a amiga. No entanto, é a última desse trio, a garota de tranças bem-feitas que se senta na ponta do asseado banco estofado, quem dá a essa composição seu *páthos*. Seus olhos estão fechados, talvez para sair do conflito e se imaginar em outro lugar.

Como nos contos de fadas e canções de ninar que há muito inspiram seu trabalho, Rego personificou as pessoas como animais, ou híbridos de ambos. *Girl on a Large Armchair* (2000) traz de volta o cachorro predador que aparece em grande parte de sua obra.

Ele parece ter sido convocado pela mulher sentada numa poltrona que também se assemelha a uma espécie de trono. Suas mãos repousam de modo assertivo sobre as coxas, pernas musculosas ligeiramente afastadas, mas, como sempre acontece com Rego, são também seus pensamentos que animam seu corpo. Girassóis murchos espreitam por cima de seu ombro esquerdo. Escondida sob a cadeira está uma menina, uma criança, e olhando para ela está o cachorro, que estica as patas traseiras enquanto se abaixa em direção a ela. Patas estendidas, ele levanta o cobertor sob o qual ela está deitada. O cachorro parece faminto, a menina parece confusa. Algum tipo de criatura protetora está deitada com ela sob o cobertor. É como se a mulher na cadeira pensasse em seu eu mais jovem, relembrando um momento em que foi seduzida, acariciada, comida viva – ou talvez ela própria coma o cachorro.

Essa memória, ou história, continua com *Convulsion IV* (2000), também representada com giz de cera e aquarela, na qual duas realidades acontecem simultaneamente. A mulher na poltrona cospe sangue enquanto outra mulher, descalça, está deitada aos seus pés.

O lápis de Rego é muito brincalhão em *She Doesn't Want It* (2007). Uma jovem protagonista sorridente, que lembra um pouco uma princesa de contos de fadas, parece oferecer um membro do corpo a uma carrancuda mulher sentada. Não temos certeza do que ela não quer ou o que exatamente está sendo oferecido. É a recusa que captura nossa curiosidade. Se está dizendo não para o que supostamente deve querer, não se trata apenas de recusa, trata-se de protesto. Isso ecoa em *Sick of It All* (2013), em que Rego retorna à delicada aquarela. Uma pensativa mulher mais velha, num sensual vestido vermelho, senta-se numa massa roxa que é vagamente intestinal – como se as entranhas estivessem saindo de seu corpo. O ambiente é ao mesmo tempo turbulento e sereno. Ao modo de todos os bons contadores de histórias, a artista deixa para o espectador a tarefa de entrar na imagem e improvisar com seus significados.

Há uma citação de Jacques Lacan que chega perto da experiência de olhar para um desenho de Rego: "Não recorremos à poesia em busca da sabedoria, mas da desconstrução da sabedoria". Nesse sentido, Rego desconstrói a história patriarcal que esmagou meninas e mulheres em toda parte, apagando seus próprios desejos para melhor servir aos de todos os outros, e a substitui por sentimentos crus. Esse é outro tipo de sabedoria, sempre subversiva, como em *Nursing* (2000), em que contemplamos os sentimentos ambivalentes de uma jovem cuidando de uma idosa prostrada na poltrona. A protagonista que cuida tem uma flor no cabelo. Vida! Sexualidade! Ela é resiliente, resistente, os braços cruzados, mas o que se transmite é que ela cuida e deseja ao mesmo tempo. Isso não é fácil de fazer, mas a absoluta virtuosidade técnica de Rego sempre consegue transmitir a poesia e a complexidade de sentimentos mistos.

The Fisherman (2005) nos leva ao mundo surreal de uma criança parecida com uma boneca e um polvo gigante de barriga branca tátil e tentáculos laranja cobertos de bolhas. Ele parece flutuar nas profundezas de um tapete preto como tinta, que é também o oceano. Um monstro benigno, o pescador, senta-se ao lado de uma mulher reclinada num colchão, sua vara de pescar estendida no que é ao mesmo tempo espaço interior e paisagem de pedras, algas e leitos de rios ressecados. Se Rego traz à tona de forma mítica algo do que espreita nas profundezas, em geral tem a ver com relações humanas desconcertantes.

Esse monstro benigno reaparece em *Reading the Divine Comedy by Dante* (2005), em que a protagonista usa um vestido verde sem mangas, o braço direito musculoso e nu dobrado sobre o colo. No entanto, os dedos da mão esquerda parecem perplexos e contemplativos ao descansar sobre o paletó de tweed, o braço da criatura monstruosa elegantemente vestida que lê um livro para ela. Sua cabeça é quase toda uma boca. Perto de seus pés, uma cigarra também parece estar ouvindo. E lá está ela de novo, ou alguém como ela, flutuando no canto direito, bebendo vinho com a criatura que lê Dante. Enquanto isso, outra mulher esfrega o chão e um querubim estende a mão para tocar o esfregão. Do lado de fora da janela está a praia, de mar turquesa e areia amarela, onde mulheres cuidam de seus filhos. Essa fusão de realismo e surrealismo confere igual status ao comum e ao extraordinário, em que, como sempre, a artista também trabalha com fragmentos de memória. Aparentemente, seu pai lia Dante para ela quando era criança.

Rego sugeriu que não gosta de desenhar autorretratos. Por esse motivo, usa sua modelo de longa data, Lila Nunes, como seu alter ego. Isso, por si só, é uma relação que merece ser observada para a história da arte, uma inversão da musa tradicional do artista masculino. Transmitir-se por meio de outra pessoa e fazer dessa estranha metamorfose o próprio jogo, de forma clara, adiciona uma dimensão única, talvez até mesmo metaficcional, a grande parte do seu trabalho. No entanto, quando Rego sofreu uma queda e machucou o rosto, tornou-se mais interessante para ela desenhá-lo.

A série *Self-Portrait* (2017) é uma parte rara e significativa do arquivo de Rego, principalmente por sua sensação visceral da artista olhando de modo penetrante para si mesma. Vemos uma mulher mais velha, a boca escancarada revelando um emaranhado de dentes inferiores tortos, uma aliança (talvez) no dedo da mão esquerda, um bastão de pastel na mão direita. Se ela é despojada do brilho da juventude, está, no entanto, radiante com a força do próprio olhar rompedor de tabus. Esses valiosos autorretratos têm afinidade com a série dos papas gritando, de Francis Bacon, dos anos 1950, sobre a qual Bacon comentou: "Pode-se dizer que gosto do brilho e da cor que saem da boca e sempre esperei, de certa forma, ser capaz de pintar a boca como Monet pintava um pôr do sol". A boca nos autorretratos de Rego é uma paisagem inteira, uma abundância de vida retratada em poucas e delicadas linhas. Há uma sensação de possessão quase demoníaca no único olho aberto que a encara. Talvez seja a força de seu desejo de criar arte.

 Encontrar a série de 2007 intitulada *Depression* é entender que todo o espectro da vida emocional feminina foi incorporado para nós por uma artista de excepcional destemor. Essa é mais uma nota para a história da arte, e não é uma nota de rodapé. É como se Rego reconhecesse: sim, há encantamento, desejo, traição, fama, alegria, voo imaginativo, sexualidade poderosa, propósito político – mais amplificado na série sobre o aborto, *Untitled* (1999) – sim, há pensamento mágico e amor, mas há isso também.

Julia Kristeva evoca o peso pesado da depressão em seu livro sublime sobre o assunto, *Sol negro: depressão e melancolia* (1992). Kristeva escreve: "De onde vem esse sol negro? De que galáxia estranha chegam seus raios invisíveis e letárgicos, pregando-me ao chão, à cama, obrigando-me ao mutismo, à renúncia?".

Isso ressoa com as mulheres reclinadas de Rego em sua série *Depression*, pois elas parecem presas por aqueles raios invisíveis, pensando e respirando em várias posições num sofá de um amarelo brilhante. No primeiro desenho dessa série extraordinária, uma mulher sentada se encontra cercada pelos elaborados fru-frus e pregas pretas de seu vestido quase gótico. Sua composição se assemelha ao sol negro do título de Kristeva, exceto pelo fato de que a mulher não está exatamente apática, mas alerta. As dobras desse traje que tudo consome parecem personificar seu mal-estar; o vestido fala por ela. Essas mulheres de saias compridas são, de certo modo, atemporais, universais. Poderiam ser as irmãs Brontë, ou Elizabeth Barrett Browning, ou Virginia Woolf, ou nós mesmas, ou nossas mães, mas, nas mãos de Rego, como acontece com todas as suas meninas e mulheres, não são nem patologizadas nem humilhadas. Esse é o legado duradouro de uma das artistas figurativas mais habilidosas do mundo.

A psicopatologia de uma
vida dedicada à escrita

A ficção é um bom lar para a vastidão da mente humana. Ela pode abrigar todas as dimensões da consciência, incluindo o inconsciente. Se o escritor for receptivo a essa ideia, e se a tarefa nos interessar o suficiente, encontraremos nossas próprias estratégias literárias para construir nosso lar. A consciência, nesse sentido, não significa fluxo de consciência, mas sim a consciência de toda a composição da nossa história. Essa composição terá seu próprio modo muito particular de escrita, como Roland Barthes tão lindamente nos disse.

   E será verdade que, ao escrever, só somos tão interessantes quanto o modo como pensamos e para onde olhamos, ou como olhamos, ou o que estamos sentindo e como esse sentimento se conecta à história (ao passado pessoal e político), ou como estamos respirando ao explicar por que batemos uma porta? A mente humana pode ir a qualquer lugar. Na arte, isso é bom. Na vida, nem sempre. Sabemos que pensamentos indesejados podem nos atormentar e que engenhosamente encontramos nossa própria magia particular para afastá-los.
   Na arte, há espaço para esse tipo de magia particular.
   Acho que nos tornamos chatos quando nossas mentes estão entorpecidas e fechadas, e quando não toleramos a dúvida, ou quando não temos interesse nas subjetividades alheias, ou quando, por muitas razões compreensíveis, não

conseguimos acessar as partes (aparentemente) desconhecidas de nossas mentes. Ao criarmos personagens ou avatares para levar nossas ideias aos mundos de nossas ficções, é desejável querer acessar as partes desconhecidas de suas mentes, bem como suas motivações mais conscientes.

Há muita pressão para entorpecer nossas mentes. A cultura corporativa gosta de reduzir a experiência humana aos muitos questionários que somos convidados a marcar com um visto ou um X. O questionário escreveu a história de modo implícito para nós. Não precisamos gaguejar, tropeçar e lutar em busca da linguagem ou colocar em prática a amplitude imaginativa de nossas mentes ou as habilidades de que um escritor precisa para sustentar muitos pensamentos contraditórios ao mesmo tempo. Com isso em mente, é importante e entusiasmante dizer e pensar coisas que ainda não entendemos. Se estamos buscando algo que já está por aí de todo modo, em nós mesmos, no mundo, a luta na escrita é conectar nossos pensamentos e tornar visível algo que é aparentemente impossível de transmitir. Quando prestamos demasiada atenção às regulamentações comerciais de saúde e segurança para sermos publicados, é provável que nossa escrita se torne tão hiperinteligível que, tragicamente, morra antes de abrir os olhos.

Se a coerência é alcançada à custa da complexidade, não é realmente coerência. Talvez seja apenas uma opinião. Complexidade e coerência são gêmeas, sempre tendo conversas secretas uma com a outra. Qualquer tipo de coerência que achate ou higienize o mundo de nossas ficções, ou ofereça falso consolo para as ansiedades que nos tornam interessantes, ou resolva conflitos e restaure a ordem moral de formas inacreditáveis, ou que embote as partes estranhas, frágeis, ilógicas e incoerentes de se viver uma vida, simplesmente não tem dimensões suficientes. O objetivo da vida é sintonizar todas as suas dimensões, incluindo a ecologia do mundo natural.

Comecei a escrever no final do século XX. Meu primeiro romance foi publicado em 1987, dois anos antes da queda do Muro de Berlim e de a Europa Oriental comunista começar a se desfazer. Escrevi minha primeira história numa máquina de escrever, não havia internet, e eu recorria a bibliotecas públicas. Agora escrevo num MacBook Pro, e num MacBook Air, e num desktop Mac. Uso o Pro para assistir a filmes, o Air para viajar e escrever, e o desktop fica no meu galpão de escrita, em geral com meu celular na escrivaninha.

Para meu romance *Hot Milk*, usei diários manuscritos de Almería, onde o romance se passa. Acho esse tipo de escrita útil porque é uma maneira de capturar os primeiros pensamentos antes que sejam censurados e aperfeiçoados. Também usei o Google para pesquisar os seguintes assuntos: como funciona um jato de areia, a fisiologia do suspiro, colhedores de tomate imigrantes no sul da Espanha, como um lenço é organizado no bolso do paletó do terno de um cavalheiro antiquado. Fatos. Eu preciso mesmo deles para ajustar os níveis de realidade do meu livro e conseguir fazer um acordo com você, leitor, quando subverto os níveis de realidade. Não posso subverter uma realidade a menos que crie uma realidade. Transfiro com frequência material do Air para o Pro e de volta para a sede no galpão escuro e empoeirado. Então a escrita em si migra por várias tecnologias, literalmente.

Mesmo assim, encarar a tela não é a mesma ação que encarar o mundo. Existe uma confusão contemporânea acerca disso, e eu defendo minha posição em *Hot Milk*, através da personagem (ou avatar para meus argumentos) Sofia, de 25 anos. Ela com frequência se perde encarando a tela e acha que precisa correr o risco de descer à Terra, onde todas as coisas difíceis acontecem. Para começar, a tela não nos encara de volta, nem nos ama, nem nos dá um soco na cara. Não é viciada em nós, embora possamos ser viciados nela. Como olhamos para o mundo e como negociamos a maneira como ele nos olha de volta está no cerne de toda escrita.

Há a história e há, em seguida, todo o resto. Se não estamos interessados em todo o resto, provavelmente não estamos interessados na linguagem. Você terá suas próprias ideias sobre o que todo o resto pode ser. Toda narrativa é um cavalo de Troia. O que está escondido em sua barriga e o que está escondido em sua boca? É sempre muito bom colocar algumas tachinhas sob o traseiro arrogante e autoritário da narrativa – temos que mantê-la alerta e fazê-la gritar um pouco e garantir que não se acomode numa poltrona com um gatinho no colo. A narrativa gosta demais de si mesma e quer que você a adore também. Às vezes, a narrativa é tão suplicante que chega a passar a caixa de chocolates e rir baixinho enquanto aquece as mãos junto ao fogo crepitante. Como Rilke nos disse, nunca é tarde demais para tentar descrever com sinceridade e humildade uma tristeza que também pode nos fazer rir. É sempre um prazer quando palavras e frases pousam com a cadência no lugar certo, ou quando a revelação e o ocultamento da história estão no lugar certo, ou quando o equilíbrio entre enigma e coerência está no lugar certo.

Sei que as coisas estão indo bem quando há algo sobre um personagem que não consigo compreender de todo. Quanto mais desconhecidos eles parecem, mais fascinantes se tornam para mim. Talvez isso seja apenas um truque para me manter escrevendo. Às vezes, esbarro em algo que eu mesma não sabia. Ouço o som desse impacto, sai faísca, posso sentir o cheiro da fumaça. Esse tipo de impacto muda tudo.

Se eu sou uma escritora de vanguarda e quero que meu trabalho seja apreciado pela beleza de sua inovação formal, seria uma inovação acelerar a emoção intensa em vez de evitá-la por completo, com medo de manchar minha camisa. Se você é um escritor sentimental, seria uma inovação ler alguma teoria difícil e não deixar nenhum personagem sentir nada até que você descubra o que de fato está sendo sentido.

É uma aventura da escrita ir fundo, depois mais fundo, e então brincar com a superfície, de modo a nos tornarmos especialistas em superfície e profundidade. É possível ter uma preferência pelo raso ou uma preferência pelas profundezas, mas acho que as duas coisas coexistem de todo modo. Na vida, ninguém que eu conheço é cem por cento burro ou cem por cento inteligente. O que você pensa disso? Se não gosta de pensar, não consigo ver como vai gostar de escrever.

É empolgante perder o máximo de medo possível quando se trata de escrever, porque essa é a única maneira de estar aberto o suficiente para criar algo novo. Nunca faz sentido forçar a criação de algo novo, mas, em geral, quando conseguimos é porque assumimos um risco. Você terá suas próprias ideias sobre o que assumir um risco significa no seu caso. Contanto que não arranquemos o coração do nosso mistério (para citar Shakespeare incorretamente), sempre haverá algo interessante para fazer com a linguagem.

Passado demais

Quando a pandemia irrompeu no final da segunda década do nosso século XXI, o passado se tornou mais vívido em minha mente. Com o presente e o futuro instáveis, era como se eu não tivesse para onde ir. Durante os longos dias e noites de diversos confinamentos, eu me perguntava se o passado me visitava de forma rude, fantasmagórica, sem ser convidado, ou se eu andava para trás, sem ser convidada, para assombrá-lo.

A trilha sonora principal da minha vida naquela época eram as sirenes uivantes das ambulâncias levando pacientes com covid para o hospital. Talvez tenha sido porque a morte estava no ar que me vi revisitando a grande peça de Tchekhov *As trê irmãs*, encenada pela primeira vez em 1901 no Teatro de Arte de Moscou. Quando eu era estudante de teatro, aos dezenove anos, uma famosa diretora veio à nossa faculdade montar essa peça – fui escalada como a melancólica e rebelde Masha. Acho que a diretora achava que minhas maçãs do rosto altas combinavam com o papel, mas, infelizmente, eu tinha pouco talento para atuar. Olhando para trás (não é meu tipo favorito de visão), talvez a diretora também não tivesse muito talento para dirigir.

Essas irmãs espirituosas, Olga, Masha e Irina, todas na casa dos vinte anos, vivem nas cercanias de uma pequena cidade provinciana russa. Seu desejo mais intenso, ao que parece, após a morte de seus pais, é retornar à cosmopolita e culta Moscou, onde nasceram. Amam o passado mais do que amam o presente e desejam retornar a ele.

Na noite da apresentação, sentei-me na *chaise-longue* no palco, com o traje completo, olhando fixamente para o vazio, enquanto Olga, minha irmã de palco, dizia a primeira frase da peça: "Hoje faz exatamente um ano que morreu nosso pai, dia 5 de maio". Que a peça comece no aniversário da morte do pai de Masha, Olga e Irina não significava muito para mim aos dezenove anos. Na verdade, agora, aos sessenta, parece-me que todos nós, jovens atores, tentávamos criar uma atmosfera emocional que ainda não entendíamos.

Por que, perguntei a mim mesma, enquanto outra ambulância passava ruidosamente pela rua, a diretora não disse àquele elenco de jovens, "Posso perguntar se algum de vocês já passou pela morte de um dos pais?". E se apenas um de nós tivesse respondido, "Sim, minha mãe morreu quando eu tinha doze anos", a diretora teria sido sensata em perguntar se aquele aluno poderia compartilhar alguns dos pensamentos e sentimentos que surgem no aniversário da morte de um dos pais. Dessa forma, eu não teria ficado olhando fixamente para o vazio na primeira noite da apresentação.

E mais uma coisa. Masha cita Pushkin no início da peça: "Na costa da baía está um carvalho verde; uma corrente de ouro adorna aquele carvalho". Eu meio que entendia esses versos, aos dezenove anos, mas não os sentia. Mais tarde, talvez trinta anos depois, quando meu casamento estava em crise (como o de Masha em *As três irmãs*), li o poema de Sylvia Plath "Os correios": "Um anel de ouro com o sol dentro? Mentiras. Mentiras e uma dor". Ah, pensei, então era *isso* que Masha estava tentando transmitir.

Como o filósofo dinamarquês Søren Kierkegaard nos disse: "A vida só pode ser compreendida olhando-se para trás, mas só pode ser vivida olhando-se para a frente".

Aquele anel de ouro voltou, de forma diferente, quando entrei numa fila diante de um supermercado em Londres, todos nós usando máscaras cirúrgicas como se fossem o acessório mais normal do mundo. Alguém na fila me perguntou se eu sabia que horas eram. É uma pergunta perfeitamente razoável, mas a pandemia de alguma forma conseguiu congelar o tempo e, seja como for, hoje em dia todo mundo sabe que horas são graças aos seus telefones. Peguei-me olhando para o meu pulso, como se tivesse um relógio ali, o que não era o caso. Esse gesto, olhar para um relógio que não estava ali, me trouxe de volta a memória do pequeno relógio de ouro que minha avó paterna, nascida na Lituânia, deixou para mim. Eu tinha sete anos quando ela morreu, e ele se encaixava perfeitamente no meu pulso.

Ela se chamava Miriam Leah. Quando chegou à Cidade do Cabo, aos doze anos, em 1908, seu nome foi trocado para Mary. O nome do seu futuro marido era Abraham Moses, e ele o havia trocado para Mark. Mary e Mark. Ainda penso na minha avó como Miriam Leah, embora entenda que Mary foi seu avatar para sobreviver ao antissemitismo. Ela era Mary como Mary Poppins, exceto pelo fato de falar inglês com sotaque iídiche. Não tenho certeza do que aconteceu com aquele relógio, infelizmente, mas naquela tarde, na fila para comprar damascos, percebi que o que havia herdado não era um relógio "de adulto", como eu pensava aos sete anos, mas um relógio de criança.

Ele não teria se encaixado nem nos pulsos delicados de Mary/Miriam quando ela era uma mulher adulta.

Será que Miriam Leah viajou com aquele relógio na longa viagem da Lituânia até a Cidade do Cabo? Por que nunca perguntei a ela sobre aquela viagem? Ou, dito de outro modo, por que minha família não sugeriu que eu perguntasse a ela sobre a viagem épica que fez com Rosa, sua irmã mais velha? O trem, o navio, as malas carregadas por uma carroça puxada por cavalos. A mãe delas morreu de câncer e então as duas irmãs foram obrigadas a se juntar ao pai distante, na África do Sul.

Suponho que Rosa e Miriam tenham se sentido um pouco emocionadas no aniversário da morte da mãe. Saberiam como dizer a frase "Hoje faz exatamente um ano que morreu nossa mãe". O que aconteceu com os parentes de Miriam/Mary e com os amigos da família que permaneceram na Lituânia? Ao que parece, minha avó contou ao meu pai histórias sobre os *pogroms* que ela testemunhara em sua aldeia, mas quando adulta nunca falou do Holocausto, ele diz. Esse silêncio foi transmitido a mim também. Nada sei sobre minha família na Lituânia. É um silêncio que exploro em meu romance *Nadando de volta para casa*: "Se as cidades mapeiam o passado com estátuas feitas de bronze, para sempre imobilizadas numa posição digna, por mais que eu faça o passado permanecer imóvel e bem-comportado ele se move e murmura comigo a cada dia".

Ainda assim, por que aquele relógio de ouro é importante para mim? O que eu de fato quero saber sobre ele e qual a sua função?

Essa é uma das muitas perguntas que Maria Stepánova, poeta russa e escritora de prosa longa e requintada, faz a si mesma em seu livro recente, *Em memória da memória*, um mergulho profundo de quinhentas páginas na memória histórica, cultural e pessoal. Em certo sentido, ela responde numa linha contundente: "Chega um dia em que os pedaços dispersos de conhecimento precisam ser fixados numa linha de transmissão".

Stepánova começa essa meditação discursiva e épica sobre as formas como sua família judia "comum" conseguiu sobreviver às perseguições do século XX com a morte da irmã distante de seu pai. A narradora se encontra no apartamento da tia Galya separando cartões-postais, broches de marfim, fotografias, cartas, diários, recordações. Percebe que esses objetos acumulados são um arquivo valioso do século XX.

"Objetos do passado distante", escreve Stepánova, "parecem ter sido pegos na luz dos faróis, são desajeitados, estão constrangedoramente nus. É como se não tivessem mais nada a fazer."

Stepánova é mais contundente quando escreve sobre o "rosto não humano" dos objetos. Sua descrição de partes faltantes de louças como "órfãs" ou de fotografias desbotadas como "enjeitadas" abre a mente e deixa nossas próprias associações pessoais e históricas entrarem. Ela também é astuta com as fotografias de família, notando que sempre há uma que apresenta "uma mulher de meia-idade, estilosa, sofrendo de depressão crônica e leve".

Muitos escritores são invocados por Stepánova para acompanhá-la no que é tanto um experimento mental "sobre a maneira como a memória funciona e o que a memória quer de mim" quanto uma tentativa de juntar fragmentos estilhaçados da história da família. Entre eles estão Sebald, Proust, Barthes, Nabokov, Sontag e, talvez o mais penetrante, Osip Mandelstam, sob o título "O garoto judeu se esconde".

Alguns artistas visuais também são arrolados, mas com menos sucesso. Stepánova inclui um tratado curto e um tanto básico sobre a fotografia de Francesca Woodman, que experimentou maneiras de se fazer borrar e desaparecer em seus autorretratos; também as pinturas vibrantes, turbulentas e irônicas de Charlotte Salomon, que foi assassinada em Auschwitz. Ainda assim, unir essas artistas surpreendentes que desapareceram de maneiras diversas (Woodman se suicidou aos 22 anos) é uma ideia corajosa. Como Stepánova escreve de forma tão evocativa num capítulo intitulado "Selfies e suas consequências", "Tudo o que desaparece é o que te fez ser você mesmo". Isso sem dúvida é verdade para o narrador no romance de W. G. Sebald, *Austerlitz*, de 2001. Ele consegue descobrir aos poucos o destino de sua mãe, deportada para os campos de extermínio. Há muito em jogo para Jacques Austerlitz. Isso porque ele carrega dentro de si um conhecimento doloroso demais para acessar. Sua tarefa para com o passado é recuperar esse conhecimento.

A narradora de Stepánova fala e pensa num tom imparcial, elegante e sereno. Talvez não haja outro tom capaz de lidar melhor com o panorama de ideias que ela coloca em prática nessa investigação filosófica sobre lembrar e esquecer. Se não tenho certeza do que está em jogo ou do que sua narradora quer saber, ou mesmo do que ela deseja desaprender, talvez seja esse o ponto. "Há passado demais, e todos sabem disso", ela nos diz. Como seu título sugere, a própria memória é um artefato.

Na Europa contemporânea, com suas feridas malcicatrizadas, buracos negros e vestígios de deslocamento, um arquivo familiar bem-preservado é uma raridade. Um conjunto de móveis e louças que se formou ao longo de décadas, herdado de tias e avós e antes considerado um velho fardo, agora merece o próprio memorial especial. Aqueles que foram obrigados a fugir (não importa de quem fugiram) queimaram documentos, rasgaram fotografias, cortaram tudo abaixo do queixo – dragonas de oficiais, sobretudos do exército, uniformes do serviço público – e deixaram seus papéis com outras pessoas. No final da viagem, resta muito pouco em que a memória possa se agarrar e de onde possa zarpar.

Nesse trecho denso, intenso e sinuoso de escrita, às vezes é um alívio encontrar uma linha que sirva de ancoragem, como: "Meu avô era da cidade portuária de Odessa, no sul". E um prazer saber que os taxistas em Odessa "cantavam árias de ópera como se fossem gondoleiros". Ao mesmo tempo, a narradora nos conta: "Notícias de *pogroms* se espalhavam como fogo pelo sul da Ucrânia. Viajavam de trem com os ferroviários, desciam o Dniepr com os barqueiros, acotovelavam-se em feiras de contratação e serviam de modelo para novas explosões de crueldade sem sentido: 'Vamos fazer do jeito de Kiev!'".

Mais para o final da imensa proeza que é *Em memória da memória*, Stepánova escreve: "Às vezes só parece ser possível amar o passado se você sabe que ele definitivamente nunca mais vai voltar". Sei o que ela quer dizer. Tchekhov também entendia isso. As três irmãs não retornam a Moscou.

Miriam Leah não retornou à Lituânia. No entanto, como Freud nos disse, o passado retorna e, embora possamos desejar vê-lo ir embora, o reprimido há de pular na fila do supermercado e se apresentar sob a forma de um relógio de ouro infantil. A memória era o principal tema de Freud, claro, o trabalho de uma vida. Sua metáfora arqueológica sugere que, para recuperar o passado, com todos os seus cacos e fragmentos, temos que escavar e trazer à tona aquelas memórias empurradas para fora da consciência. E, assim, pelo menos para esta leitora, o inconsciente de *Em memória da memória* é a forma como ele desenterra de modo obsessivo o perigoso século XX e procura, entre suas rotas de bonde, louças e meias, a ferida traumática.

O passado não é exatamente um estranho em nossa mesa, mas é estranho ainda assim. Nem morto nem vivo, ele não retribui meu olhar, ou meu sorriso, ou minhas lágrimas, mas em minha mente ele escuta meus pensamentos. De alguma forma, acredito que somos, nosso eu presente e o passado, um pouco alterados por essa troca de conhecimento e sentimento.

Chuva azul

> O ser não morre de imediato para nós; continua imerso numa aura de vida que não tem nada de imortalidade verdadeira, mas faz com que continue a ocupar nossos pensamentos da mesma forma que quando vivia. É como se estivesse viajando.
>
> Marcel Proust,
> *Em busca do tempo perdido* (1913-1927)

Caro Peter,

Comprei uma glicínia, hoje (cerca de sessenta centímetros de altura no vaso), e a carreguei no clima de abril (sol e neve) para a pequena sacada do meu apartamento. Então li as instruções, que me diziam que a *Wisteria sinensis* às vezes é chamada de chuva azul. Isso me fez pensar em você, que era louco por *Purple Rain,* e Prince morreu no dia de hoje, 21 de abril. Então, Peter, aqui estou eu em Londres pensando em você e em Prince hoje, enquanto ponho a glicínia no lugar.

Gostaria muito de ter te visto antes que você morresse em Frankfurt. Entre muitos outros assuntos (política, arte, sexo, novas cervejas da Bélgica, poder, falta de poder, loucura – você estava lendo Michel Foucault –, o horror dos ovos escoceses, dinheiro e como não tínhamos o suficiente, a maneira como as pessoas sorriem e se elas realmente estão sendo sinceras), com frequência falávamos sobre nossas respectivas mães, o que, concluímos, era uma conversa sem fim. O mundo inteiro está na Mãe, todas as emoções também. Amor, raiva, arrependimento, medo, culpa, pena, admiração, a necessidade de voar de seu ninho, de seu peito, de seus problemas retrô (a minha nasceu em 1939), a tristeza em seus olhos, a víbora em seu coração, as dores em suas pernas, ah, Deus, já não tínhamos problemas suficientes? Você se lembra de como continuamos essa conversa no barco a remo, no lago em Regent's Park?

Eu estava no comando dos remos naquele dia, conduzindo nosso barco pela água salobra, manobrando-o para mudar de direção, de modo a podermos nos sentar sob os galhos de um salgueiro e começar nosso piquenique de rabanetes e salada de batata. Anos mais tarde, depois que perdemos o contato, escrevi um romance sobre uma mãe e uma filha, intitulado *Hot Milk*. É sobre como o amor pode nos escaldar e como às vezes somos nós os incendiários. Você nunca chegou a lê-lo, ou a discutir a chama branda que queima por baixo dele, mas de certa forma comecei a escrevê-lo naquela tarde com você no barco a remo.

Enquanto isso, de volta aqui em Londres, de acordo com as instruções que vêm com a glicínia, tenho que alimentá-la com "peixe, sangue e osso" para ajudá-la a florir e criar a chuva azul. Peter, posso vê-lo olhando para mim agora. Seus olhos azuis são a chuva. Você e eu queríamos dizer as coisas que dissemos todos aqueles anos atrás? Acho que sim.

Pensamos juntos de forma profunda e livre, sem reserva, sem julgamento, sem dedos apontados com moralismo, tantas palavras esperançosas jogadas ao vento. Isto é para dizer olá, de novo, meu velho amigo.

Alguns desses escritos foram publicados anteriormente nos seguintes periódicos e mídias diversas:

Banhada num arco de luz francesa: Colette, *Cent Magazine*, 2004.

Marguerite Duras: "Book of a Lifetime: *The Lover* by Marguerite Duras", *Independent*, 29 de setembro de 2011.

Meus lindos *creepers*: "Real Living: Love and Brothel Creepers", *Independent on Sunday*, 8 de novembro de 1998; *A Second Skin: Women Write About Clothes*, ed. Kirsty Dunseath, The Women's Press, 2000.

Como sair da moldura: "Francesca Woodman: Vanishing Act", *Tate Etc.*, n. 43, verão de 2018.

Acredite: "My Hero: Lee Miller", *The Guardian*, 21 de setembro de 2012.

O reino do amanhã: prefácio a *Kingdom Come* [*O reino do amanhã*], de J. G. Ballard, Fourth Estate, 2014.

Telegrama para uma torre de transmissão de eletricidade: *Artesian Journal*, ed. Gareth Evans, 2008.

Um bocado de cor cinza: "Touring London", 2000, em IVA.org.

Elas e nós: prefácio para *Hysteria*, graphic novel escrita por Richard Appignanesi, desenhos de Oscar Zarate, SelfMadeHero, 2015.

Ann Quin: *Music & Literature*, n. 7, 2016.

O ABC do caminho do fim: encomendado por Jules Wright para a Wapping Hydraulic Power Station, para uma exposição de Dean Rogers, 2009; publicado em *Five Dials*, n. 30, agosto de 2015.

Migrações para Outro Lugar e dores similares: *New Statesman*, abril de 2013.

Um alfabeto itinerante para a Voz Interior: *Revolver*, 2006.

Uma leitura da autobiografia de Violette Leduc, *A bastarda*: introdução a *La Bâtarde,* de Violette Leduc, Dalkey Archive Press, 2009.

A mulher com a pele de raposa: introdução a *The Lady and the Little Fox Fur,* de Violette Leduc, Penguin, 2018; excerto em *The Guardian*, 25 de agosto de 2018.

Carisma: escrito para uma performance do grupo Forced Entertainment, *Marathon Lexicon*, 2006.

Mona Lisa: escrito para *1001 Nights*, performance de duração por Barbara Campbell, 2008.

A posição das colheres: "The Position of Teaspoons", *The Happy Reader*, junho de 2018.

Projeto Mortalidade 2050: *Southword*, n. 35, ed. Patrick Cotter, 2018.

Coisas aguadas: Whitstable Biennale, 2018.

Carta para uma estranha: *Dear Stranger: Letters on the Subject of Happiness*, Penguin, 2015.

X = Liberdade: poema para Meret Oppenheim, encomendado pelo Swiss Institute em Roma, onde foi apresentado, 2023.

Sedução e traição: introdução a *Seduction and Betrayal*, de Elizabeth Hardwick, Faber & Faber, 2019.

Limões na minha mesa: *The Food Almanac*, organização de Miranda York, Pavilion Books, 2020.

Hope Mirrlees: prefácio a *Paris: A Poem*, de Hope Mirlees, Faber & Faber, 2020.

Introdução a *As inseparáveis,* **de Simone de Beauvoir**: introdução à tradução de Lauren Elkin, Vintage Classics, 2021.

Paula Rego: excerto do ensaio "Ela não quer", *Paula Rego: The Forgotten*, Victoria Miro, 2021.

A psicopatologia de uma vida dedicada à escrita: encomendado pela Word Factory, 2016.

Passado demais: *Jewish Quarterly*, agosto de 2021.

Este livro foi composto com tipografia Adobe Garamond Pro e impresso em papel Off-White 80 g/m² na Formato Artes Gráficas.